哥林多前书

下

李载禄博士

URIM
BOOKS

目 录

引 言

丰富记录着灵肉间的信仰指南

现代人生活在文明高度发达的社会中，容易因价值观的混沌而迷茫和彷徨。这不仅是世人所遭遇的，基督徒在信仰里面也会碰到诸如圣徒间的纠纷或诉讼、结婚或离婚等各种问题。

况且，仇敌魔鬼、撒但用浑身解数来诱惑信神的人爱世界，远离真理。因此，渴望遵行真理的人，自然会苦苦寻求解决自己难处和问题的方法。

哥林多教会也是如此。使徒保罗时代的哥林多贸易昌盛，经济繁荣，自然就成为各样种族的云集之地。当时的哥林多有富裕阶层、贫苦阶层、奴隶阶层等多种阶层，而且盛行多神教，腐化堕落，是闻名遐迩的享乐之都。

哥林多教会的圣徒们因在这种环境中过信仰生活，所以存在许多矛盾和问题，再说教会成立不久，信仰上遇到诸多困难也是在所难免的。使徒保罗向他们指明正确的路径，提供基于圣经的解答，将他们引入成熟的信仰境界。

哥林多前书针对基督徒在生活中普遍遇到的问题做出了明晰的解答。这些信息同样适用于生活在复杂的现代社会的我们，故此将此道消化吸收，对我们来说是非常重要的。

本书浅显易懂地解释该怎样理解并处理纷争、传道、结婚，以及祭偶像之物、属灵恩赐等多种问题，清晰显明神的旨意。

衷心感谢为此书的出版付出辛劳的宾锦善编辑部部长，以及全体同工，奉主的圣名祝福每一位读者能够明白神的旨意，并遵其而行，从而得享丰盛的美福。

2008年 5月

李载禄 博士

哥林多前书概要

1. 关于记录者

哥林多前书的记录者是使徒保罗。使徒保罗在遇见耶稣基督之前名叫扫罗，出生于小亚细亚东南边基利家地区的重镇——大数，受教于当时极富盛名的教法师——迦玛列门下。

在名师的教导下学习律法的扫罗，对哲学也有很深的造诣。他是一个爱神胜过众人，彻底遵守律法的律法主义者，是希伯来人所生的希伯来人，即纯粹的希伯来人。他还拥有当时叱咤世界的罗马的市民权，其权势浩大。

遇见耶稣基督之前，扫罗甚为逼迫信主的人。他认为信耶稣基督的人对自己热烈信奉的法利赛派犹太教造成威胁，便率先逼迫基督徒，并将他们捉拿归案，下在监牢。

扫罗在为了拘捕基督徒前往大马士革的途中遇见了主耶稣（使徒行传9章）。神之所以拣选当时甚为逼迫耶稣基督的扫罗为使徒，乃是因他有热爱神的内心。神预知扫罗一旦遇见主，就会立刻悔改归正，并带着满腔热忱忠心服侍主，便在万世以前将他选定。

之后，扫罗更名为保罗，身为外邦人的使徒为主至死忠心，为早期基督教的传播做出了不可磨灭的贡献。他历经三次传道旅行，为世界宣教奠定了基础，在小亚细亚、希腊等地建立了许多教会。

使徒保罗遇见主之后，一心为主舍命献身。他身为奉召的主仆、使徒，完成了主所托付的所有使命。

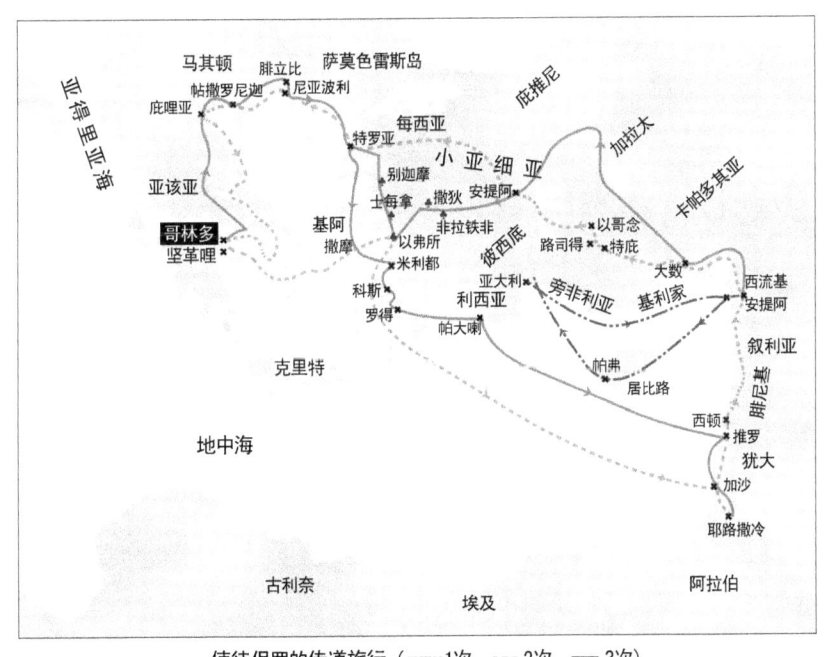

使徒保罗的传道旅行（——1次 ---2次 ——3次）

2. 关于哥林多

哥林多是位于希腊南部的大都市，在使徒保罗时代为罗马的殖民地，东、西、南三面环海；北邻西亚细亚，西邻罗马，为亚细亚与罗马的贸易中心。

哥林多是一个富裕繁荣的商业都市，罗马帝国各地的官员、军人、实业家、船员们汇聚于此。哥林多频繁举行体育竞赛，还以高超的建筑技术和灿烂的艺术文化著称，然而由此滋生的享乐主义的蔓延，使得哥林多宗教堕落、道德败坏。

哥林多有包括阿佛洛狄忒神殿的三十多间异教神殿，人们在行商之前先到这些神殿祭拜祈福。尤其阿佛洛狄忒神殿附近居住着一千多名娼妓，可以窥见哥林多这个城市堕落的状貌。

3. 哥林多教会和使徒保罗的关系

约公元50年，使徒保罗在第二次传道旅行中与西拉和提摩太同工，在雅典和哥林多传播福音并建立了教会。保罗在此地遇见亚居拉、百基拉这一对爱主的年轻夫妇，和他们同业（制造帐棚）、同住并同工。

保罗一开始在犹太人的会堂里传福音，因犹太人的排斥，在皈依基督教的犹士都家里同住一年半，奠定了教会的基础。信徒主要是外邦人，也有一部分是犹太人。

4. 写作时期和场所及动机

哥林多前书是保罗在第三次传道旅行中停留在以弗所时所记录的书信，记录年代约为公元55年。哥林多教会的圣徒们生活在淫乱、腐败的社会环境中，所以当他们努力过虔诚的信仰生活时，不免遇到各种问题。

哥林多教会除了富裕阶层和贫苦阶层之间形成隔阂以外，还遇到圣徒之间的法庭诉讼、婚姻、纯洁性、吃祭偶像的肉等各种问题。听到这一消息的使徒保罗记录了哥林多前书，对这些问题做出了正确的解答。

5. 哥林多前书的特征

罗马书和加拉太书等着重教义的阐述，而哥林多前书则着重教会中存在的实质性问题。包括圣徒在教会里的行为准则，书中阐述着有关主内的弟兄之间，或个人在日常生活中所面临的问题的教训，是一封非常实用的书信。

书中对教会内部的纷争、属灵恩赐的滥用、婚姻或圣餐礼、祭偶像之物或复活等问题做出正确的解答，指明正确的路径。因此，学习领会哥林多前书并以此为生命之粮，将会对大家的信仰生活大有帮助，使大家能够明确认识神的旨意，从而度过蒙福的人生。

第八章

关于祭偶像之物

什么是祭偶像之物？

万物都本于神

不可知罪而继续犯罪

怎样对待在祭桌上陈设过的祭偶像之物？

什么是祭偶像之物?

"论到祭偶像之物, 我们晓得我们都有知识; 但知识是叫人自高自大, 惟有爱心能造就人。"(8章1节)

很多人认为自己了解祭偶像之物, 但实际上了解得并不全面。论到祭偶像之物, 人们往往认为是在拜偶像的祭坛上陈设的食物供品。不过这里讲的"偶像"并不单单指这些。《圣经》讲:地上的食物都是神所赐的, 因此人可以吃, 不要为良心的缘故问什么话(哥林多前书10章25节-27节), 还说人凭着信, 百物都可吃(罗马书14章)。但有的地方则严禁人吃祭偶像之物(使徒行传15章20节、29节; 21章25节)。那么, 我们应该怎么做呢?

我们当正确分辨祭偶像之物在不同层面上所代表的意义。

使徒行传15章20节说:"只要写信吩咐他们禁戒偶像的污秽和奸淫, 并勒死的牲畜和血。"还有在29节说:"就是禁戒祭偶像的物和血, 并勒死的牲畜和奸淫。这几件你们若能自己禁戒不犯就好了。愿你们平安!"

使徒行传21章25节又说:"至于信主的外邦人,我们已经写信拟定,叫他们谨忌那祭偶像之物和血,并勒死的牲畜与奸淫。"

旧约时代,神的子民照神的吩咐不吃可憎的动物。但到了新约时代,主的门徒们决意,准许外邦人可以吃。这些是本不应该吃的,但对外邦人也如此要求,会给他们造成负担,他们会觉得信耶稣太难。使徒们虽开会讨论决定准许外邦人吃可憎的动物,但有四项依旧是禁忌的,那就是祭偶像之物、血、勒死的牲畜与奸淫(使徒行传21章25节)。血与祭偶像之物一同纳入四大禁忌之列,是因为血代表着生命。创世记9章4节说:"惟独肉带着血,那就是它的生命,你们不可吃。"

那么,"勒死的牲畜"指的是什么呢?是指像狗这类的动物。因为人们杀狗的时候通常都是采取勒死的方式。自古以来,狗是家畜中最与人亲近的动物。狗如同家庭的一分子,与主人同居,看家护院,通人性,解人意,对主人忠心耿耿,因此,人杀狗为食,是不相宜的。神强调人不可吃勒死的牲畜的原因也在于此。

奸淫是性道德败坏的体现,是淫乱邪荡之事,故连不信神的人也知道这是伤天害理,伤风败俗之事。神的儿女是分别为圣的,因此理所应当要远避淫行。

那么,使徒们为何决意禁止人吃祭偶像之物,甚至对外邦人也不例外?"偶像"是指人作为敬拜的对象所制造的某种形像,或非人手所造的日月星辰等。"祭偶像之物"是指为了祭拜这些偶像而陈设的食物。

不过，这些祭物也都是神所赐的。例如：祭桌上摆设的苹果、梨等都是神供我们食用的食物。因此，这些都是我们可以吃的，再者神在哥林多前书10章27节说：凡摆在你们面前的，只管吃，不要为良心的缘故问什么话。

不可吃属灵意义上的祭偶像之物

经上讲"不可吃祭偶像之物"，是包含属灵意义的。从属灵的角度说，偶像一词所代表的意义是这样的：人若爱某种物或事过于爱神，那么这物或事就是偶像。如果一个人爱财胜过爱神，为了赚钱，主日不出席教会，那么可以说金钱就是他的偶像。他因爱财的缘故违背了神的话语，金钱便是他的偶像了。

迷上赌博，轻忽教会的事，或行邪淫等，凡一切行神憎恶之事的，都是拜偶像的。一个以爱神为至上的人是不会干犯主日，或违背神的话语，犯罪作恶的。经上说的"祭偶像之物"是指一切违背神话语的行为，即一切恶事的统称。偶像是神极其憎恶的，因此神将一切的不义，即一切有悖于真理的事，都归为祭偶像之物。

那么，《圣经》为何将人行不义的事形容为吃祭偶像之物呢？

《圣经》以吃、喝来形容人听道，悟道，行道的过程，如："你们若不吃人子的肉，不喝人子的血，就没有生命在你们里面"（约翰福音6章53节）；"我就是生命的粮"（约翰福音6章48节）等。因此，神将人行不义的事，形容为"吃祭偶像之物"，并叫人不可吃祭偶像之物。

当我们越清楚明白祭偶像之物所包含的灵意，对真理的知识掌握的程度就会越发加深。而且我们随着不断地聆听神的道，学习真理的知识，对邪恶和不义的认识也会相应提高。然而，第1节说"知识是叫人自高自大"。既然这样，我们是否倒不如不明白什么叫祭偶像之物为妙呢？并非如此，应当清楚了解才对，因为明白之后方能做到不吃。

这里"知识"是指把所学的某种东西存在头脑里的状态。人若听了真理，只存在头脑里，便会使自己骄傲。那么，对待真理该如何是好呢？

《圣经》吩咐我们吃真理，不许我们把真理只存在头脑里。出埃及记12章里，神吩咐我们把羊羔，并带着头、腿、五脏，用火烤了吃。羊羔预表耶稣基督，并代表神的话语。

意思是叫我们吃真理之道，即《圣经》66卷书中的神言。人摄取食物，才能维持生命，同样，我们的灵魂也需要吃灵粮来维持属灵的生命，那灵粮就是神的道。神的道不能只存在头脑里，而应当吃进心里，并且消化吸收。

这样，把神的道吃进心里的人，会谨守遵行神的道，因此不会变得骄傲。他们遵照神的话语去服事他人，爱人如己，便不会自高自大了。

如同成熟的稻穗先低头，人越往灵里进深，就越谦卑。他们既谦和又温柔，并且结满哥林多前书13章里讲的灵爱之果。属灵的爱成形在心里的人，能够包容别人，显出美好的德行。属灵的爱能够给人带来喜乐、生命与盼望，因而能够建立德行，造就别人。

"若有人以为自己知道什么，按他所当知道的，他仍是不知道。"（8章2节）

人们学到一些东西，就觉得自己有所见识。经过小学、初中、高中，继而进入大学，知识渐渐增多，人就觉得自己知道的很多。但大学毕业，进入社会后，才体悟到要获得"专家"的称呼，着实来之不易。一个人即使在研究室里潜心专研某种项目，但只能越来越对知识海洋之浩瀚无穷感到惊叹。最终会感觉到自己的学问，实在是算不得什么。

如果你对祭偶像之物了如指掌，即通晓何为不义、何为罪，那么，你已经是成圣的人了。你不仅能与神交通，而且心里所求的无不从神得着。若不是这样，你就不能说自己完全明白。

一个人若认识真理不只停留在知识的层面上，乃是悟出其灵意而谨守遵行，就必认识到神的伟大、属灵世界的广博无限。他们越灵里进深，就越感觉到属灵世界的无穷无尽。

除净各样的恶，并将真理全然填充于心的信心阶段，叫作"全灵"。人们很容易认为一个人信心成长，进入全灵的阶段，就是到了完全的地步，但这是错误的想法，其实这只是走向完全的开端而已。在世界也是如此，更深层次的研究一般都是在取得博士学位之后才进行。与此同理，在全灵的阶段里，人要把直到进入全灵为止所学到的知识作为公式，应用在所有方面，获得答案，往更深的层次迈进。

我们若将数学公式运用自如，就能畅解所有问题。运用神在《圣经》66卷书中的话语，也有无限的层次。越深入这些层次，就越发认识到自己所知之甚少。而且多少能够了解到天地的无限以及无所不包的神的心，不得不在神面前自卑。

一个还没有到这种境界，甚至连神的诫命中最小的一条都无法完全守住的人，若说"这道我早就听过，我认识这个道理。"便是自高自大的表现。真正懂得真理的人，必然遵行真理，必然离弃仇恨、嫉妒、奸淫、虚假等罪恶，以至模成神的形像，成就善美的心灵，自己卑微，存心服事顺从，用基督的爱造就众人。

"若有人爱神，这人乃是神所知道的。"（8章3节）

这一经文与箴言8章17节的经文——"爱我的，我也爱他；恳切寻求我的，必寻得见。"正好一脉相承。正如约翰福音14章15节所说："你们若爱我，就必遵守我的命令。"爱神的人必然遵行神的诫命。

随着遵行诫命的程度加深，了解神的心意的深度也相应进深，从而能够体贴神的心意而行，与神进行深交。我们越遵行神的旨意，越能与神清晰交通，这样我们就是"神所知道的"。

万物都本于神

"论到吃祭偶像之物，我们知道偶像在世上算不得什么；也知道神只有一位，再没有别的神。"（8章4节）

"吃祭偶像之物"是指行在不义、恶与罪中，不肯离弃。大家进入真理之前，也一定是依赖吃祭偶像之物为生。因为吃祭偶像之物的人显得更为聪明。在世界上，那些不会说谎的人、谦和的人会被称为愚蠢的人，反之，极力推销自己，显耀自己才能的人，则会得到别人的认可。

然而，人若到神面前来，认识真理，就会认识到那些祭偶像之物不得什么，靠着这些东西是不能建立自己的。就如《圣经》所说"我见日光之下所作的一切事，都是虚空，都是捕风。"他们便会深悟这世上的功名利禄都是虚空而无益的。

并且认识到神只有一位。世人所信奉的所谓"神"种类繁多，但这些都是虚神，它们不会给我们人类带来什么福气，也不能将人类引入天国。唯有我们所信的独一无二的真神上帝、我们的父，才能赐我们永恒的天国、幸福与安康。我们既然明白这个道理，理所应当要离弃祭偶像之物。

"虽有称为神的，或在天、或在地，就如那许多的神，许多的主。然而我们只有一位神，就是父，万物都本于他，我们也归于他；并有一位主，就是耶稣基督，万物都是藉着他有的，我们也是藉着他有的。"（8章5节-6节）

世上有很多人侍奉那些既没有生命也没有气息的日头、月亮、北斗星、北极星，以及天下大将军、地下女将军等各种偶像。但这些偶像不仅不能拯救我们，也不能应允人所求的。

"雕刻的偶像，人将它刻出来，有什么益处呢？铸造的偶像，就是虚谎的师傅。制造者倚靠这哑巴偶像有什么益处呢？对木偶说：'醒起！'对哑巴石像说：'起来！'那人有祸了，这个还能教训人吗？看哪，是包裹金银的，其中毫无气息。惟耶和华在他的圣殿中；全地的人都当在他面前肃敬静默。"（哈巴谷书2章18节-20节）

雕刻的偶像没有气息。唯独耶和华神是活神、真神，祂可以以声音、异梦或异象传递祂自己的意旨，并应允人的祈求，成全人的心愿。就是这位神创造了天地万物。这就是我们单单敬拜祂并侍奉祂的缘由。

神造万物是藉着耶稣基督。约翰福音1章3节也表明万物都是藉着耶稣基督造的——"万物是藉着他造的；凡被造的，没有一样不是藉着他造的。"况且我们是藉着耶稣基督成为神的儿女，我们当然也是藉着耶稣基督有的。

不可知罪而继续犯罪

"但人不都有这等知识。有人到如今因拜惯了偶像，就以为所吃的是祭偶像之物，他们的良心既然软弱，也就污秽了。"（8章7节）

这里"这等知识"是指神的旨意，即《圣经》66卷书中的真理之道。初信徒，或没有信心的人，或者虽有信心却还不能完全了解神的旨意的人，对真理之道认识不全。他们只有随着信心的程度加深，才能相应了解神的旨意，分清真理和非真理。具备这种知识的程度因人而异，有的一窍不通，有的略知一二，有的知道的比较多。但即便知道，也不完全，不过是片面而已，因此说"但人不都有这等知识"。

"有人"是指那些没有信心的人，或信心不足的人。"拜惯了偶像"是指他们在迈进真理门槛之前，行惯了罪、不义与恶。即使是信了神，那些初信徒或还未用真理装备自己的人，会顺着旧习，说谎、动怒、偷盗，或行淫。他们虽想要离弃这些惯行，但力不从心，便心里郁闷，痛苦难过。

一个行淫的人到教会参加礼拜时，会因自愧无颜见牧师的面。他们会耷拉着头听牧师讲道，不知不觉中便打起瞌睡来了。他们因已把自己的心交给撒但，所以无法自拔，继续行淫。他们明知那是祭偶像之物，却仍继续地吃，"他们的良心既然软弱，也就污秽了"这句话就是指着这样的人而言的。

约翰一书3章21节-22节说："亲爱的弟兄啊，我们的心若不责备我们，就可以向神坦然无惧了。并且我们一切所求的，就从他得着，因为我们遵守他的命令，行他所喜悦的事。"

遵守神的诫命，活出神道的人，他们会向神坦然无惧，因此凡一切所求的都能从神得着。守诫命的人会扪心无愧，坦然无惧，反之明知故吃祭偶像之物的人，他们的良心会变软弱，变污秽。

怎样对待在祭桌上陈设过的祭偶像之物？

"其实食物不能叫神看中我们，因为我们不吃也无损，吃也无益。"（8章8节）

神是造物的主，我们乃是受造之物。包括我们所吃的食物在内的自然界的万物也都是神所造的。这些都是为我们人类所创造的。因此说"食物不能叫神看重我们"，对我们的信仰不会带来任何助益。

进入真理里面的人不吃祭偶像之物也无损，但世人却相反，他们觉得不吃祭偶像之物会寸步难行。因此，他们说：信神的人烟也不抽，酒也不喝，活着还有什么乐趣！

痴迷跳舞的人觉得若不跳舞，人生就没有乐趣；酷爱赌钱、钓鱼、高尔夫球，以及其它世上娱乐的人，会觉得离了那些活着没意义。但我们虽然远离了那些世俗的宴乐，反而却享受着十分满意的生活——我们常被圣灵充满，常常在喜乐，感恩，幸福中度日。

进入真理里面的人，反而对世俗的宴乐不感兴趣，觉得无聊，因为已经认识到那些都是注定腐朽的、虚空而无益的。因为那些都不会将我们引入永生之路，所以《圣经》教导我们要单单以神的道为生命之粮。

约翰福音6章53节说："……你们若不吃人子的肉，不喝人子的血，就没有生命在你们里面。"另外在出埃及记12章教导我们把整只羊羔全吃掉。意思是叫我们毫无遗漏地把羊羔——耶稣基督，即《圣经》66卷书中的一切神言，全部吃掉。因为这样才能使我们真正得到饱足，即灵里得饱足。

> "只是你们要谨慎，恐怕你们这自由竟成了那软弱人的绊脚石。若有人见你这有知识的在偶像的庙里坐席，这人的良心若是软弱，岂不放胆去吃那祭偶像之物吗？"
>
> （8章9节-10节）

这里"你们"是指得知神的旨意，并得知真道的人。讲解第7节内容时提到"良心软弱的人"则是指那些没有信心的人，或初信徒，或信心不足的人。

假如我去了酒吧，无非是为了传福音或探访，绝不会是去喝酒。

但若一个没有活在真理里面的圣徒偶然看见了我进酒吧，他会觉得既然牧师也去酒吧，喝点酒不算什么罪，从此经常去酒吧放胆喝酒，那么这就是对方因着我而跌倒。我因有信心，无论何时何地都能保守自己的心意而不犯罪，但那些没有信心的人或信心不足的人会产生误解，以致放纵自己而犯罪。

举另一个例子：我在认识神之前酷爱围棋。但自从开拓教会后，因觉得时间太宝贵，一直没有再下，但有一次培训结束之后，在休息的时间，我跟圣徒们下了久违的围棋。但若那时有初信徒或没有信心的人在场，我就不会这样做了。

如果没有信心的人见此情形之后迷上围棋，停止祷告或不守主日礼拜，那么这便是有信心之人的自由竟成了那软弱人的绊脚石。因此，我们在这些事上，应当多加谨慎。

"因此，基督为他死的那软弱弟兄，也就因你的知识沉沦了。你们这样得罪弟兄们，伤了他们软弱的良心，就是得罪基督。所以，食物若叫我弟兄跌倒，我就永远不吃肉，免得叫我弟兄跌倒了。"（8章11节-13节）

我因有认识神旨意的知识，所以那样做了，但这或许会导致良心软弱的人犯罪，以致堕落。信心软弱的也是我的弟兄，耶稣被钉十字架不仅是为了我，也是为了他们。在主里面我们都是弟兄姐妹，我们不能叫一个弟兄因我们而跌倒。

若一个弟兄因着我犯罪，这就等于是我犯了罪。主在十字架上舍命，是为了拯救我们众灵魂，故此，若一个弟兄因我而犯了罪，那就是等于我得罪了耶稣基督。第13节说："所以，食物若叫我弟兄跌倒，我就永远不吃肉，免得叫我弟兄跌倒了。"意思是：我有信心可以吃祭偶像之物，但若这会使对方跌倒，我就永远不吃肉。就是表示不只求自己的利益。

比方说：祭桌上的食物也是神所赐的。凭着信心吃就没有罪。但信心软弱的人看到我吃他也会跟着吃。如果他吃的时候觉得自己是在吃祭偶像之物得罪神，便真的有罪了。此时，我们应当为对方的缘故不吃那食物。

逢节日回乡，不信神的家族祭祀过后吃食物的时候应该如何做？

我们参加祭祀的时候断不可在坛前叩拜，这是拜偶像的行为。我们可以站着祷告，但不要低头，因为祭祀为的是拜鬼。你可以微闭双眼，这样祷告："主啊，求你驱逐仇敌魔鬼离开这个家庭，使这个家庭早日成为基督福音化的家庭！"

当然，祭桌上摆过的食物，我们不吃是最好的，但在万不得已的情况下，我们可以凭着信心吃，若是不吃，会使家人心里不快，以致打破和睦，福音难传。

还有这样一种情形：我们有信心可以吃祭偶像之物，可是当我们正要吃的时候，若有人对我们说："这是献过祭的物"，我们应当不吃。因为对方认为祭偶像之物是不可吃的，所以为了对方的缘故，我们就当不吃。

　　就这样舍己求别人的益处，防止弟兄犯罪，是我们应当做的。为此，我们要造就自己，进入属灵的境界，活出神光明之道。

第九章

使徒的道路

不使用使徒权柄的原因

无偿传福音有权柄不使用便是自己的奖赏

甘心作众人之仆人的理由

你们也当这样跑

不使用使徒权柄的原因

"我不是自由的吗？我不是使徒吗？我不是见过我们的主耶稣吗？你们不是我在主里面所作之工吗？"（9章1节）

神赋予人自由意志，亚当吃不吃善恶树果全在于他的自由选择。但神对他申明：你吃的日子必定死。神赋予我们自由意志，所以我们信神不信神都是自由的。

使徒保罗也是自由人，他可以冒着逼迫，殷勤做主工，也可以回避；或吃或喝无论做什么都是自由的。

保罗不仅是自由者，同时也是使徒。如前所提，使徒是指全然遵行神的旨意，至死顺服，作永生神的见证，归荣耀于神之神的仆人。他们有神的同在，从而有神迹随着他们，正如马可福音16章所言。

唯独彰显奇事和神迹，归荣耀与永活的真神，将主所托付的羊群引入真信心与永生里面的主的仆人，才配作使徒。使徒保罗称自己为自由者，但他又是使徒，从不随心所欲。

使徒保罗遇见主以后过着与神同行的生活。他时常蒙神的应允，经历神的大能。保罗说自己见过主耶稣，是指着这些而言的。

他是自由的，又是使徒，因此不照自己的意思行，而完全照神的旨意，按真理而行。他带着满腔的热心见证福音，用福音生了哥林多教会的众信徒。因此保罗说他们是他在主里面所作之工所结的果子。

> "假若在别人，我不是使徒；在你们，我总是使徒。因为
> 你们在主里正是我作使徒的印证。"（9章2节）

使徒保罗给哥林多教会信徒们栽植福音，并通过奇事和神迹坚固他们的信心，将他们引入永生之路。他们是保罗用福音生的，因此保罗说"在你们，我总是使徒"。

然而，不信神的外邦人因为不明白使徒的含义，便不承认保罗是使徒。虽然有信，但不懂真理的人，或者非哥林多教会信徒，会诘问说："你凭什么说自己是使徒？"因为当时有谣传说保罗反对割礼、走偏了、是异端。

但哥林多教会是使徒保罗所亲自牧养的。保罗给信徒栽植神的道，使他们灵里得到饱足。凡领受这一恩典的人自然承认保罗是使徒。因此保罗说"你们在主里正是我作使徒的印证。"

"我对那盘问我的人就是这样分诉。难道我们没有权柄靠福音吃喝吗？难道我们没有权柄娶信主的姊妹为妻，带着一同往来，仿佛其余的使徒和主的弟兄，并矶法一样吗？独有我与巴拿巴没有权柄不作工吗？"（9章3节-6节）

有些人出于嫉妒，或不懂真理而盘问保罗。不仅哥林多教会中有这样的人，在其它地方也不例外。他们用各种各样的借口找保罗的茬，比如："保罗为何不结婚？为何吃这？为何吃那？为何反对割礼？"等等。

耶稣的门徒中有加略人犹大，同样，尽管使徒保罗正确教导真理，并用神迹和奇事见证永活的真神，但其中仍有一些背叛的人、出于嫉妒不肯领受的恶人。使徒保罗就是针对这些故意找茬的人进行分诉。

第4节说"我们"是包括他的贴身同工巴拿巴和其他同心的人。"难道我们没有权柄靠福音吃喝吗？"此话表示保罗是自由人，有权吃喝、随愿行事。他还说自己也有权像其余的使徒和主的弟兄，或矶法那样娶信主的姊妹为妻，带着一同往来。

"其余的使徒"是指耶稣的十二门徒以及其他配作使徒的人。"主的弟兄"是指如雅各一样肉体上与耶稣有着血缘关系的弟兄。"矶法"是指彼得，因为他是耶稣首徒，便特意提到他。

携妻一同往来，并非指他们携妻旅游，安闲逍遥，而是指他们受邀出席逾越节仪式或主内会议。使徒保罗和巴拿巴虽有权柄这样做，但他们没有这样做。他们也有权适当休息，缓解工作压力。但因爱主、爱灵魂心切，他们废寝忘食地为主工作。

"有谁当兵自备粮饷呢？有谁栽葡萄园不吃园里的果子呢？有谁牧养牛羊不吃牛羊的奶呢？我说这话，岂是照人的意见？律法不也是这样说吗？就如摩西的律法记着说：'牛在场上踹谷的时候，不可笼住它的嘴。'难道神所挂念的是牛吗？不全是为我们说的吗？分明是为我们说的。因为耕种的当存着指望去耕种，打场的也当存得粮的指望去打场。"（9章7节-10节）

没有人当兵要自备粮饷的，衣、食、住、行都由部队所安排。保罗如此问，是因为他是自备粮饷的，即自己打工赚钱做神的工。

人栽葡萄并非为了观赏，而是为了吃其果子。人牧养牛羊也是为了得到牛羊的奶和其肉和皮与毛。那么，保罗设这些比喻的用意是什么呢？

申命记25章4节记载道："牛在场上踹谷的时候，不可笼住它的嘴。"牛是用来耕地、拉磨、踹谷的家畜。当牛在踹谷的时候吃谷物；或者耕地的时候吃草，主人会大声吆喝并拽鼻绳加以牵制。

牛为主人辛勤耕耘，途中吃了些粮草，就遭主人斥责，在牛的立场上，岂不觉得主人太刻薄了！然而这些言语，并非对牛或羊所说的，乃是为我们人类所赐的。就是用牛的比喻来提醒我们这愚昧的人类。

使徒或主的仆人传扬神道的目的是为了拯救那些失丧的灵魂，引入永生之路，但他们不能饿着肚子作工，作工的得工价岂不是理所应当的吗！保罗说这是等于种了属灵的种子，收割奉养肉身之物。旧约的律法上也是这样记载的。

"我们若把属灵的种子撒在你们中间，就是从你们收割奉养肉身之物，这还算大事吗？若别人在你们身上有这权柄，何况我们呢？然而，我们没有用过这权柄，倒凡事忍受，免得基督的福音被阻隔。"（9章11节-12节）

使徒保罗和巴拿巴将属灵的种子，即福音栽植给哥林多教会信徒。使他们转离死亡之路，悔改归主，走永生之路。因此，保罗说："从他们收割奉养肉身之物，这还算大事吗？"不过保罗实际上并没有从羊群得到供养，解决日用的饮食。

别人也是作为神的仆人，将信徒奉献的礼物作为生活的来源，作为传福音的工价。更何况哥林多教会是使徒保罗亲手建立，并在长久岁月中用神的道教导他们，生养了众多群羊，因此，受信徒供养是理所应当的。

但使徒保罗称他和巴拿巴没有享受这种权利，是为了免得基督的福音被阻隔。使徒保罗说这话的原因是：哥林多教会正因着这些事经受着撒但的试探。保罗的意思是：如果信徒中有人对奉献的事感到不理解，我就不领受羊群的供养，尽管这事在神面前是相宜的，我情愿不要使用这个权柄。

> "你们岂不知为圣事劳碌的，就吃殿中的物吗？伺候祭坛的，就分领坛上的物吗？主也是这样命定：叫传福音的靠着福音养生。但这权柄我全没有用过。我写这话，并非要你们这样待我，因为我宁可死也不叫人使我所夸的落了空。"（9章13节-15节）

"为圣事劳碌的"，是指在教会供职的职员；"伺候祭坛的"，是指神的仆人。教会职员是专职服侍教会的，他们靠殿中的物养生是理所当然的。而且神的仆人可以分领坛上的物。这些在旧约的献祭条例中有详细的记录。

这同样适用于新约时代。耶稣对准备出去传扬福音的门徒们说："腰袋里不要带金银铜钱。行路不要带口袋，不要带两件褂子，也不要带鞋和拐杖，因为工人得饮食是应当的。"（马太福音10章9节-10节）

就是说：不仅不要带金银铜钱，而且除了身上穿的衣服以外不要带其它的衣服。加拉太书6章6节说："在道理上受教的，当把一切需用的供给施教的人。"由此看来，作为圣徒应当把一切需用的供给施教的人，施教的人受其供养也是合情合理的。

使徒保罗因能清晰听到圣灵的声音，所以非常了解人的心。哥林多教会的信徒们因还未能活在真理里面，经常存在着一些问题，受撒但的试探。正因为如此，保罗不肯受他们饮食，或钱财，而是自食其力。

他并没有使用自己的权柄，而且他说这些话，并不是叫圣徒们给他提供所需用的。因此，他能坦然地教导众人说："我宁可死也不叫人使我所夸的落了空。"

然而，我们应当了解当时的状况。使徒保罗到了别的教会也会这样做吗？不是。教会若以感恩的心，甘心乐意服侍他，他就欢喜领受他们的供养。可是哥林多教会信徒们不仅不懂得服侍神的仆人，还因奉献的事给撒但留地步，因此保罗干脆就不领受他们供养。

无偿传福音有权柄不使用便是自己的奖赏

"我传福音原没有可夸的，因为我是不得已的，若不传福音，我便有祸了。"（9章16节）

我们既然接待主耶稣，认识了真神，就不能只顾自己上天国，也应当给邻舍传福音，将众人引入天国。传福音原没有可夸的，是我们义不容辞的责任，而我们若要夸口，唯独可以指着主夸口传福音所结的果子。

我们可以指着主夸口我们靠主拯救了许多灵魂、彰显了神同在的见证——神迹和奇事、给外邦人发出了基督馨香之气，以及蒙神应允，荣耀归于神的事。传福音是神赋予所有领受圣灵之人的义不容辞的使命。

经上说若不传福音，就有祸了。这里"有祸"的原因有两种。

首先是因知道行善，却不去行的缘故。如果眼睁睁地看着自己的兄弟、家人、亲属、邻舍走向地狱，却不给他们传福音，就是等于对溺水之人见死不救。雅各书4章17节说："人若知道行善，却不去行，这就是他的罪了。"

而且，一个口称信神的人，若不传福音，那么这就是他没有真信心和不懂神恩的明证，也是他不爱神的凭据，因此说他们是有祸了。传福音是神喜悦的事。一个人不传道，就是没有圣灵充满的表现。他们只顾自己得救，不顾别人生死。

> "我若甘心作这事，就有赏赐；若不甘心，责任却已经托付我了。既是这样，我的赏赐是什么呢？就是我传福音的时候，叫人不花钱得福音，免得用尽我传福音的权柄。"（9章17节-18节）

甘心做主工的人，或将荣耀归于神的人，在天上，他必得相应的奖赏，在地上，他也蒙神丰盛的赐福。

保罗身负使徒的使命，就算不甘心，也得传福音。身为神的工人，若对工资或待遇感到不平，甚至放下使命，这是很不相宜的事。

有的牧会者将神所赐的使命看为宝贵，在穷乡僻壤，或者孤岛深山开拓教会，千辛万苦担当传福音的使命。但身为神的仆人，若因私事而丢弃职分，他在审判之日怎能在神面前站得住呢？

使徒保罗将福音白白地传给众人，不受任何的工价，因此他说自己并没有用尽领受羊群供养的权柄。

有的人认为神的仆人或教会的职员会得很多赏赐，因为他们是专职做主工的。但事实上并非如此。就像圣徒们在世上工作，按劳得工价一样，神的仆人和教会职员也从神按劳得工价，因此这本身是不能成为他们的赏赐的。

那么，他们是怎样得赏赐呢？羊群在世劳碌工作之余，将时间和物质献于神，忠心为主事奉，这就成为他们的赏赐，同样，神的仆人只有将更多的时间献于神，多多祷告，舍己献身，超乎自己所得之工价，才能得到赏赐。

反之，做事的成果若不及所领的工价，便会受到神的责备。只有为主忠心事奉，过于所得之工价时才能获得奖赏。然而，使徒保罗不仅分外地为主忠心事奉，也放弃了从羊群得到供养的权柄，所以这些都将成为他的奖赏。

我在念神学期间，身负传道师的职任而服侍主，但我拒领教会的供养，而我的这些经历都化为祝福临到我身上。开拓教会之初，圣徒不多，神就通过外部圣徒来祝福我们绰绰有余。当时我仅以七千元（韩币；相当于人民币40元）"资金"开拓教会，但两个月过后，献上创立礼拜的时候，我们已齐备了讲台、椅子等圣殿设施。

传福音不仅是主仆的使命，也是每一个神的儿女义不容辞的使命。因为我们必须要为主还回血价，为主解渴。我们若不担当这一使命，岂能抬头面对主！我们在祂面前必是哑口无言。

甘心作众人之仆人的理由

"我虽是自由的，无人辖管，然而我甘心作了众人的仆人，为要多得人。向犹太人，我就作犹太人，为要得犹太人；向律法以下的人，我虽不在律法以下，还是作律法以下的人，为要得律法以下的人；"（9章19节-20节）

使徒保罗是无人辖管的自由人。再加上他全然领悟真理，并活在真理里面，便更是自由人，正如约翰福音8章32节所说："你们必晓得真理，真理必叫你们得以自由。"

信心的根基还未立在磐石上的人会觉得真理在辖管自己，想做的事做不了，便觉得苦。但信心的根基立在磐石上的人，遵守神的道，不是出于勉强，而是出于甘心，便能活出神的旨意。他们所祷告祈求的无不蒙神的应允，于是生命中充满喜乐与平安。他们凡事喜乐，凡事谢恩，在一切的事上得享自由。但使徒保罗说自己为了多拯救灵魂，甘心作了众人的仆人。

我们若要拯救不信神的人，一定要与他们相处。有的人为了成圣，远离那些不信神的人，这是不可取的。如果我们远离不信神的人，还有谁能拯救他们呢？

犹太人虽然信神，但他们不信耶稣基督。我们应当与他们相处，并将耶稣基督栽植在他们的心里，使他们领受圣灵，获得救恩。

第20节提到"律法以下的人"，这里律法并非指《圣经》66卷书中的神言，而是旧约的祭祀法等。但到了新约时代，则以属灵的活祭取代旧约的祭祀，因为耶稣已只一次地将自己献作挽回祭，就把赎罪的事成全了。

例如：旧约的律法上禁止吃猪肉（利未记11章7节-8节）。在新约时代，这一律例我们守也好不守也可（使徒行传15章28节-29节）。然而，犹太人至今仍然彻底持守旧约的律法，因此只停留在用行为献祭的层面上，而没有进入用心灵和诚实拜神的高度。使徒保罗自从接待耶稣基督之后，并没有受行为之律法的约束，而为拯救那些在律法以下的人，便与他们同行，给他们传扬真理和耶稣基督。就像盐溶化自己，渗入食物，发出味道一样，使徒保罗为众人舍己作盐。

> "向没有律法的人，我就作没有律法的人，为要得没有律法的人。其实我在神面前，不是没有律法；在基督面前，正在律法之下。"（9章21节）

这里"没有律法的人"是指不认识神的人和不信神的人。旧约是行为的律法,割礼是作在肉体上的。然而新约是爱的律法,而不是行为的律法,割礼要作在心里,就是自洁成圣。

使徒保罗是耶稣基督的律法之下的人,遵行律法。但他作没有律法的外邦人,是为了作他们的朋友,理解他们,包容他们,施爱于他们,并将耶稣基督栽植在他们心中,将他们引入光明,领进救恩之路。

"向软弱的人,我就作软弱的人,为要得软弱的人。向什么样的人,我就作什么样的人。无论如何总要救些人。凡我所行的,都是为福音的缘故,为要与人同得这福音的好处。"(9章22节-23节)

"向软弱的人,我就作软弱的人",这话的意思并非叫我们要像他们一样体弱多病,灵里软弱。而是要叫我们有个能够与他们相处的宽大的胸怀。对有病的人,我们要以他们的心为心,去安抚他们,并把耶稣基督的福音传给他们。这就是"与人同得这福音的好处"。

当我接受圣徒信仰咨询的时候,总要按照对方信心的大小进行交通。例如:有人咨询这样一种问题:"我遭遇车祸,肇事司机要赔偿医疗费100万(韩币;相当于约6000元人民币),但若通过法律程序就能索赔200万,怎样做才是合神的旨意呢?"

要做出怎样的答复，这得看对方的信心水准了。如果他是初信徒，应该告诉他：你可以依着法律程序解决此问题，这不是罪。如果我劝他只收医疗费100万了结此事，那么他会想："我如果当初不跟牧师交通，走法律程序，就能拿到200万元的赔偿，但牧师的话我不能不顺从，只好损失100万！"

如果他的信心不足，不能顺从我的劝言，那么他就会受到撒但的搅扰，而心里痛苦难过。因此，针对那些没有信心的人，应当在不使他犯罪的程度上，给予真理的答复。

针对处在磐石的信心阶段的人，可以对他说："医疗费用需要100万，那么就收100万吧。若有后遗症，可以凭信心医治。"

如果是信心更大的人，可以这样对他说："你要凭着信心靠神医治。对方肇事是出于失误，并非故意，因此不要收他的钱，宽恕他吧！"如果他顺从此话而行，必会经历到神大能的作为——神必照着他的信心，使他痊愈。这是何等美的事呢！——既不用在医院受治疗之苦，又可以凭着善行义举发出基督馨香之气，感化对方。

每个人信心的程度，以及善恶的程度都不同。因此针对各人要有不同的交通方式；要了解他们立场和信心的水准，给予合宜得当的劝导，方能造就人。

为此，我们必须要具备"看别人比自己强"的胸怀（腓立比书2章3节）。对此有人会质疑：对方的学识没有我高，怎能看他比自己强呢？这并不是叫你把别人的学识看得比你高，而是叫你在他的位置上体贴并理解他。因为他也跟你一样是神的儿女，所以对方若是学识浅薄，就在对方的水准上予以理解。

　　轻易发怒的人也要理解，经常说谎的人也要理解，不可排斥或远离他们，否则就是骄傲的表现。对那样的人，我们反而应当倍加关爱、施恩，栽植信心，多多传递主爱。我们要像使徒保罗那样，针对不同的人采取不同的相处方式，以便拯救更多灵魂。

你们也当这样跑

"岂不知在场上赛跑的都跑,但得奖赏的只有一人?你们也当这样跑,好叫你们得着奖赏。凡较力争胜的,诸事都有节制,他们不过是要得能坏的冠冕;我们却是要得不能坏的冠冕。"(9章24节-25节)

奥运赛场上,摘得金牌的,每项只出一人。使徒保罗说:你们也当这样跑,好叫你们得着奖赏。为此,首先要参加比赛,就是要领受福音,然后要为摘得金牌而较力争胜。

我们已向着圣城之门出发了。我们终极目标是:摘得金牌,即领受金冠冕,进入新耶路撒冷。为了实现这一目标,我们应当奋力向前,奔跑不息。

第25节说:"凡较力争胜的,诸事都有节制。"例如:拳击选手为了获得拳王的荣誉,需要接受艰苦的训练,并要节制饮食,调节体重。同样,我们为了达到终极目标——全然成圣,也要在诸事上节制，比如，为了拿出更多的时间向神祷告，要少看电视，减少娱乐活动、郊游聚会等。还要克制发怒，进而要离弃罪恶，到流血的地步。

人即使经过千辛万苦获得某项冠军，摘得金牌，也不过是这地上短暂的荣誉，而不是永恒的，而且在神面前更是一文不值的。因此，具有真信心的人是不会羡慕这世上的荣耀。他们唯独爱慕天国的金冠冕、公义的冠冕、生命的冠冕等不能坏的冠冕，从而诸事都有节制，奋力向前。

"所以，我奔跑，不象无定向的；我斗拳，不象打空气的。我是攻克己身，叫身服我，恐怕我传福音给别人，自己反被弃绝了。"（9章26节-27节）

奔跑的人都有定向。马拉松赛也有分明的目标地点和指定线路。如果脱离指定线路，无论他怎样拼力奔跑，也是无济于事的。斗拳的若只是打空气，也只落得徒劳无功。

我们必须要在真理里面具有明确的目标，就是遵行天父旨意，正如马太福音7章21节所说："凡称呼我'主啊，主啊'的人，不能都进天国；惟独遵行我天父旨意的人，才能进去。"

我们单靠忠心事奉，不能进天国，也不能在信仰里面摘得金牌。我们怎样做事奉，才能讨神的喜悦呢？首要条件是自洁成圣。我们带着洁净的心灵，在真理里面忠心事奉的时候，才能真正得神的喜悦。

有的人虽然为主事奉，但心里却存着很多恶。一个人看到别人比自己能干，就嫉妒他，于是更加拼力做事，企图压倒对方，或者出于求自己荣耀的心，发出热心，这样的事奉，岂能得神的喜悦呢？人即使做了很多事，若那些都是在违背真理的状态下做的，只能打破和睦，羞辱神的荣耀，引起纷争和撒但的亵渎和毁谤。

在开拓教会之前，我在市场里经营一家店铺。那时我认识一个人，他对传福音满有热心。但他是以放贷为业的，若有人不按时还债，他就扯着嗓子，破口大骂。因为经常用不堪启齿的脏话骂人，所以遭到众人谴责。尽管如此，此人在传福音的事上却满有热心。他若继续行违背真理的事，即使他为神做了很多事，在审判的日子，神必会对他说：我不认识你。我们只有遵行神的旨意，方能进入神的国度，这是不容置疑的。

传福音的人必须要活出真理。一个仍旧活在罪孽中的人，却劝人信神，又教导人这样做那样做，便是假冒为善。使徒保罗说他攻克己身，叫身服己是因为恐怕自己传福音给别人，自己反被弃绝了。

第十章

无论作什么都要为
荣耀神而行

在云里海里受洗

因着行恶而倒毙的以色列百姓

在受试探的时候，神总要给我们开一条出路

你们要逃避拜偶像的事

字义层面上的祭偶像之物

无论作什么都要为荣耀神而行

在云里海里受洗

"弟兄们，我不愿意你们不晓得，我们的祖宗从前都在云下，都从海中经过，都在云里、海里受洗归了摩西，"（10章1节-2节）

这里"弟兄"是指所有信神的儿女。保罗表示愿一切信神的儿女都能认识真理，明白神的旨意，以及他接下来要阐述的内容。

首先他说"我们的祖宗从前都在云下，都从海中经过"。这里"我们的祖宗"是指当时出埃及的以色列百姓。以色列百姓出埃及的时候，神以白天云柱，夜间火柱引导了他们。

以色列百姓出埃及之后，过了位于以色列和埃及之间的红海。那时，神用大东风，使海水分开，以祂奇妙的大能，使水快速旋转，在他们的左右形成了墙垣，海中开辟一条大道，使以色列百姓从中经过。

那么，"都从海中经过，都在云里、海里受洗归了摩西"的意思是什么呢？

这里称以色列民"归了摩西"，是因为他们在摩西的带领下出了埃及。云随风移，降下雨水，由此《圣经》把以色列百姓在云下和在海中经过的事形容为"受洗"。

洗礼本以河水中浸身为佳，但由于环境条件的限制，如今大多数教会通常以少量的水进行"点水礼"，以取代"浸水礼"。同样，神将以色列百姓在云下、在海中经过的事，视为受洗。水洗，是我们洗罪归主得救的印证。

"并且都吃了一样的灵食，也都喝了一样的灵水；所喝的，是出于随着他们的灵磐石，那磐石就是基督。"（10章3节-4节）

以色列百姓在旷野以神所赐的"吗哪"为食物。这"吗哪"不是人劳碌耕种得来的，乃是神亲自打开天窗降赐与他们的，故称"灵食"。百姓闹着要水喝的时候，摩西就击打磐石，磐石便涌出了活水，这也是因着神的大能所成的，故叫"灵水"。

旧约是影儿，新约是实体。因着耶稣基督的出现，"灵食"和"灵水"在新约时代所代表的意义也改变了——分别代表耶稣基督的肉和血。《圣经》把主的肉比作"生命的粮"。

无论作什么都要为荣耀神而行

耶稣说："吃我肉、喝我血的人就有永生，在末日我要叫他复活。我的肉真是可吃的，我的血真是可喝的。"（约翰福音6章54节-55节）

接下来说："所喝的，是出于随着他们的灵磐石。"在旷野飘流的时候，以色列百姓因没有水喝，埋怨摩西，于是摩西向神求告。

"'我必在何烈的磐石那里站在你面前，你要击打磐石，从磐石里必有水流出来，使百姓可以喝。'摩西就在以色列的长老眼前这样行了。"（出埃及记17章6节）

摩西照神的吩咐击打磐石，磐石就裂开，有水从中流了出来，众人便解了干渴，保住了性命。

按灵意说，"磐石"是指耶稣基督。从磐石，即耶稣基督喝了水，意味着如今我们吃耶稣基督的身体——神的道。我们唯独吃源于耶稣基督的《圣经》66卷书中之神言，才能得着永恒的生命。不吃耶稣的肉——真理之道的人，则是无法获得永生的。

神吩咐摩西击打磐石，不仅仅是为了彰显祂自己的大能。"磐石"的词义是厚而大的石头、稳定坚固的石头。石头坚实而沉稳，具有稳固支托其它物体的力量。建造房屋时先行的是：奠定大而坚实的基石。

那么，《圣经》为何把耶稣基督比作磐石呢？

耶稣就是我们救恩的磐石。石头可以击碎其它物体，同样，主能打破死亡权势，战胜仇敌魔鬼撒但。这就是《圣经》把耶稣比作磐石的缘由。

"击打磐石，涌出活水"，意味着我们得生是靠着耶稣基督所赐的水。这"水"是指永生水，代表神的话语。水与人的生命息息相关。这在灵里也相仿，人类要获得永生，必须要吃喝神真理之道。神无所不能，祂可以使任何一样东西涌出水来，但神唯独选择了磐石，为的是要表明上述的属灵意义。

因着行恶而倒毙的以色列百姓

"但他们中间，多半是神不喜欢的人，所以在旷野倒毙。"（10章5节）

出埃及的第一代以色列百姓中，除了约书亚和迦勒以外，都在旷野倒毙。那么，以色列百姓难道不认识神吗？如果摩西问他们"你们是否信神？"他们一定会说"阿们"。

他们亲眼目睹十灾，以及红海分开、击打磐石流出活水等神迹和奇事。他们还吃过神所降赐的吗哪，也经历过神以白天云柱，夜间火柱的奇妙带领。他们既然亲身体验这么多的神迹，岂能不认识永活的真神呢！

尽管如此，他们还是在旷野中倒毙灭亡。原因何在？我们可以从马太福音7章21节的经文得知这样一个道理：凡认识神的人不能都进天国；人说自己有信，却不遵行神的话，他的信便得不到神的认可。

以色列民虽然在旷野吃灵食，喝灵水，但他们并非凭着真正的信心去吃喝的。他们在缺水或断粮的时候总是埋怨神和摩西，从未显出他们的信心得神的喜悦，神说这就是厌弃他们缘由。

我们也不例外。我们若因遭遇试探和患难而埋怨神，便是自己没有信心的明证。蒙了应允就喜乐、感恩，遇到难处则灰心丧气，郁郁寡欢，对这样的人，神是不会承认他有信心。

"这些事都是我们的鉴戒，叫我们不要贪恋恶事，像他们那样贪恋的。"（10章6节）

"鉴"乃指镜子，"鉴戒"的词义是：可以对照引为教训。我们照镜子，可以发现自己外表的端正与否，照样，我们若将神在《圣经》66卷书中的真理之言作为一面镜子对照己心，便能豁然开朗，一目了然——我们心中隐藏的嫉妒、仇恨、论断、骄傲等各种罪恶，必将淋漓尽致地呈现出来。

旧约时代，当以色列百姓亲近罪恶时，被神弃绝。新约时代也相仿，一个信主的人，若仍旧活在罪孽中，神只能对他说"我不认识你"（马太福音7章23节）。因此，我们心里若有污秽的罪恶，就当用灵水，即神的道，赶紧地洗濯干净。

以教会的团契为例，因别人当选会长而心生嫉妒，那么这人应当对自己落选感到庆幸。嫉妒别人，证明他没有足够的气量可以去服侍人，故他没有资格当会长。

无论作什么都要为荣耀神而行

作会长的如果落了选，那么他也应当谢恩。如果落选的原因是没能忠于使命的缘故，更应当如此。如果新当选的人是他一年来悉心培养出的一个好工人，便是其功绩可嘉，因此理当谢恩。

"也不要拜偶像，像他们有人拜的。如经上所记：'百姓坐下吃喝，起来玩耍。'我们也不要行奸淫，像他们有人行的，一天就倒毙了二万三千人；"（10章7节-8节）

人爱某种事物胜过爱神，那事物便是他的偶像，这是属灵意义上的偶像的定义。人爱财胜过爱神，就是拜偶像，钱财便是他的偶像。

摩西四十昼夜在山上领受十诫时，以色列百姓叩拜、供奉人手所造的金牛犊。经上提到的就是以色列百姓此时在偶像面前坐下吃喝，起来玩耍的情形。

民数记25章1节-3节记载道："以色列人住在什亭，百姓与摩押女子行起淫乱。因为这女子叫百姓来，一同给她们的神献祭，百姓就吃她们的祭物，跪拜她们的神。以色列人与巴力毗珥连合，耶和华的怒气就向以色列人发作。"

这里所讲"百姓与摩押女子行起淫乱"，而非说男子与摩押女子行起淫乱。百姓，男女老少都包括。经上说摩押女子叫以色列百姓来，一同给她们的"神"献祭。以色列百姓便与她们同流合污，叩拜她们的假神偶像，与巴力毗珥连合。神就是将这种情形称作行淫。

民数记25章9节记载"那时遭瘟疫死的，有二万四千人。"这与本文第8节的二万三千人多一千，这是为何呢？

《旧约圣经》所记录的人数是包括了不信神的外邦女子和设诡计引诱以色列民的众人。到了新约，使徒保罗觉得没有必要记录外邦人，便只记录了以色列百姓的死亡人数。

奸淫有两种：一是属灵意义上的奸淫；二是肉体的奸淫。第8节所提到的奸淫就是指属灵意义上的奸淫。爱某种事物胜过爱神，便是属灵意义上的拜偶像；有信心的人拜偶像便是属灵意义上的奸淫。因为肉体的奸淫是罪，所以神将此作比喻，解释属灵意义上的奸淫。

例如：身为妻子（丈夫）理应除了自己的丈夫（妻子）以外不可再爱别的男人（女人），但她若恋慕别的男人（女人）胜过自己的丈夫（妻子），这明明是奸淫。不能因为只是心里思念和爱慕，就以为这不是奸淫（马太福音5章28节）。

同样，以色列人与巴力毗珥连合，吃祭偶像之物，且叩拜偶像，分明是侍奉别神，迷恋偶像。神称此为奸淫。于是咒诅临到他们，死了二万三千人。由此看来，属灵意义上的奸淫乃是极大的罪。

当然肉体的奸淫也是重罪。经上说"我们也不要行奸淫，像他们有人行的，一天就倒毙了二万三千人"，意思是：无论属灵意义上的奸淫，还是肉体的奸淫，都是我们当禁忌的，若不禁忌，我们也会像他们那样被神弃绝。

"也不要试探主（"主"有古卷作"基督"），像他们有人

试探的，就被蛇所灭；你们也不要发怨言，像他们有发怨言的，就被灭命的所灭。"（10章9节-10节）

沙漠地带经常有剧毒火蛇出没。但因蒙神的保守，以色列百姓经过旷野的时候，无一人被蛇咬伤。可是当百姓埋怨神和摩西的时候，神向他们掩面不顾，火蛇便出来咬死了他们很多人。

于是百姓向摩西呼救。摩西向神祷告，并遵照神的吩咐用铜制造火蛇，挂在杆子上，凡仰望这铜蛇的都免于死难（民数记21章）。

这一事件与如今我们对十字架的信仰紧密相关。凡悔改自己的罪，仰望十字架，信靠耶稣基督的人都能获得救恩。可是那些藐视轻看十字架的福音，不肯信耶稣基督的人，便无法获得救恩。当时，不相信神的约言，不仰望铜蛇的人，都临到死亡。他们遭到灭亡，乃是因为抱怨神的缘故。

第9节说"像他们有人试探的，就被蛇所灭"，这表示人向主抱怨和哀叹，就等于试探主。埋怨神、试探神的人，神不以宽容待他。

民数记14章记载百姓愤然抱怨的情形："以色列众人向摩西、亚伦发怨言，全会众对他们说：'巴不得我们早死在埃及地，或是死在这旷野。耶和华为什么把我们领到那地，使我们倒在刀下呢？我们的妻子和孩子必被掳掠，我们回埃及去岂不好吗？'"

对此神向以色列百姓宣告：

"你们的尸首必倒在这旷野，并且你们中间凡被数点，从二十岁以外向我发怨言的，必不得进我起誓应许叫你们住的那地；惟有耶孚尼的儿子迦勒和嫩的儿子约书亚才能进去。但你们的妇人孩子，就是你们所说要被掳掠的，我必把他们领进去，他们就得知你们所厌弃的那地。至于你们，你们的尸首必倒在这旷野。你们的儿女必在旷野飘流四十年，担当你们淫行的罪，直到你们的尸首在旷野消灭。"（民数记14章29节-33节）

并且记载道："摩西所打发窥探那地的人回来，报那地的恶信，叫全会众向摩西发怨言，这些报恶信的人都遭瘟疫，死在耶和华面前。"

就这样，神不仅不饶恕那些埋怨祂的人，就连埋怨摩西的人也没有饶恕。摩西是神所召立的仆人，在众人面前可以代替神，因此，埋怨摩西就是埋怨神。《圣经》处处告诫人不可埋怨神的仆人，因为那就是等于埋怨神、试探神。

"他们遭遇这些事都要作为鉴戒，并且写在经上，正是警戒我们这末世的人。所以，自己以为站得稳的，须要谨慎，免得跌倒。"（10章11节-12节）

《圣经》旧约中所记录的一切事，我们都可作为鉴戒。将神的道当作反光明镜，对照我们自己，远离拜偶像、奸淫、行淫，或者埋怨神、试探神的罪行。因为行这样事的人，必不得神的饶恕。

上述经文所表明的意思是：在神永无改变，行这等事的人，无论旧约时代，还是现今时代，都是不可容忍的，因此断不可犯这样的罪。这正是对我们这末世的人所讲的警戒之言。

还说"所以，自己以为站得稳的，须要谨慎，免得跌倒。"以旧约为例，煽动群众向神抱怨、哀叹、对抗的主谋，都是那些自以为站得稳的高傲的人。埋怨神、敌对神的事件，主要都是那些领导百姓的人们所蛊惑煽动的。总之，自己以为站得稳的，其实都是骄傲的人。

实际上，我们当中没有一人是站得稳的。接待耶稣基督，信心萌生，以至长大成人，满有基督的身量，这就相当于大学毕业。大学毕业之后，还要进入社会，去应用和实践其间所积累的知识和学问。

与此同理，我们只有进入完全的信心阶段，才算得上是认识神的旨意、明白《圣经》66卷书上的真理之道。此时我们可以将《圣经》66卷书中的神言作为一种公式，应用于生活的方方面面，便可完全活出神的旨意，得以将荣耀归于我们的神。

人若进入了这种境界，越发深入了解真理，就越谦逊自卑，因为领悟到自己的所知实在是微乎其微。因此，我们不能自以为站得稳，应当不断地用真理装备自己，只有这样才能更加彻底地效法我们主的心。

在受试探的时候，神总要给我们开一条出路

"你们所遇见的试探，无非是人所能受的。神是信实的，
必不叫你们受试探过于所能受的。在受试探的时候，总要
给你们开一条出路，叫你们能忍受得住。"(10章13节)

　　一个真正有信心的人，是不会因受试探而跌倒。因为神是信
实、慈爱的神，祂允准我们受试探，并非要叫我们吃苦。祂所允准
的试探，无非都是人所能承受的。

　　试探有两种:

　　第一，是因犯罪所招致的试探。是撒但针对违背神的话语，或
被私欲牵引诱惑而犯罪的人所带来的。这种试探与神无关，并非
出于神。此时，人只有悔改归正，才能胜过试探，摆脱患难。
　　第二，是在神的旨意当中受的试探。这与撒但给作恶的人所带

来的试探不同，是神为了赐福于人所允准的试探。人若胜过了这种试探，祝福必然临到他，就像人通过了考试，就会具备入学资格一样。

另外有一种是试探，是神以祝福人为目的所施行的。神吩咐亚伯拉罕献独生子以撒为燔祭，就属此例。亚伯拉罕受试探的时候，并没有跌倒，也没埋怨或哀叹。其实神早已知道亚伯拉罕完全能通过这一试探。亚伯拉罕凭信心通过了这一试探，于是神对他说："论福，我必赐大福给你；论子孙，我必叫你的子孙多起来，如同天上的星，海边的沙……"这一祝福的应许，果真临到了亚伯拉罕身上。

神对我们允准试探，是要祝福我们，使我们的信心增长。只有通过试探，我们的灵命才得以增长，可以进入真理里面，进入圣洁、仁爱，以及更高的信心之境界，以至灵魂得以兴盛，蒙神爱的程度随之加深，领受从上头来的祝福。因此，试炼来临，我们应当向神谢恩。

真正有信心的人，他们遭遇试探也不会跌倒。神赋予我们精神、理性和心灵，使我们能以胜过世界。人跌倒的原因是因为疑而不信，怯懦退后。

有信心的人，敬畏神，遵行神的旨意，持守人的本分。因此无论遇到任何试炼，他们都能从心里喜乐，不住地祷告，向神谢恩，得胜有余。对这样的人神必使万事都互相效力，使他反得祝福。

你们要逃避拜偶像的事

"我所亲爱的弟兄啊，你们要逃避拜偶像的事。我好像
对明白人说的，你们要审察我的话。"（10章14节-15节）

《圣经》上多处出现"我所亲爱的……"这种形容。这是指着
具有信心，并活在真理里面，能够领受接下来之言语的人而言的。
"我所亲爱的弟兄啊，你们要逃避拜偶像的事"，那么，什么叫拜
偶像的事呢？

前面第7节提到以色列百姓趁摩西上了西奈山，铸造金牛犊，
在偶像面前坐下吃喝，起来玩耍的情形；第8节又记载以色列百姓
在摩押女人所信奉的假神面前叩拜的情形；第9节到10节又提及
以色列百姓因试探主、埋怨神，所以被火蛇咬死，倒毙在旷野的情
形，这些都是属于拜偶像的行为。

人不能完全信赖神是有原因的。都是因为依靠自己的学问、权
力、名声，或其它什么，胜过依靠神，这些都成为他们的偶像。他

们敌对神也是由于这些原因。

接着说"我好象对明白人说的"，这里"明白人"是指从神领受智慧的人。认识神，明白真理，是智慧的开端，是知识之本。因为他们是领悟神道的人，所以说"我好象对明白人说的"。

还说"你们要审察我的话"，这里所包含的意义是：你们是明白真理的人，故要用真理分辨是非好歹。这话是针对领受属灵智慧的人而言的，而非针对一般人，故而在前头说"我所亲爱的弟兄啊"。

> "我们所祝福的杯，岂不是同领基督的血吗？我们所掰开的饼，岂不是同领基督的身体吗？我们虽多，仍是一个饼，一个身体，因为我们都是分受这一个饼。你们看属肉体的以色列人，那吃祭物的岂不是在祭坛上有份吗？"
> （10章16节-18节）

我们领受圣餐时吃饼喝杯；这饼乃是象征主的肉；这葡萄汁乃是象征主的血，因此说是同领基督的身体和基督的血。我们吃主的肉，喝主的血是一种莫大的福气。原因是什么？因为这是我们灵命增长，获得永生的路径。

我们在圣餐礼中吃的是一个饼，因为耶稣基督是独一无二的；真理也是一个——除了《圣经》66卷书上的神道以外别无真理。

吃这真理的人，真理会成形在心里，故能以耶稣基督的心为心。不分男女老幼，不拘任何职分，都用真理打造一条心，便是一个饼，亦是一个身体，一条心。因此说："我们虽多，仍是一个饼，一个身体，因为我们都是分受这一个饼。"

第18节说："你们看属肉体的以色列人，那吃祭物的岂不是在祭坛上有份吗？"

以色列人分属肉体的和属灵的两类。属灵的是指属应许之子以撒的，是按着信心而生的；属肉体的则是指按着肉体而生的。

从属灵的角度而言，"属肉体的以色列人"是指信心只停留在行为层面的人。旧约时代，人即使心存污秽、诡诈、仇恨等恶，若没有将其行出来，即没有行窃、行淫、动怒、杀人，就不当作有罪。

但新约则不同，具有真信心的人，会做成内心的割礼，自洁成圣。他们因着心里成圣，行事为人也属乎光明与真理。与之相反，有的人仍旧与世俗为友，不肯离弃罪恶，不愿顺从神的话，他们虽然身处教会，心却远离神，徒有教名。"属肉体的以色列人"就是指着这类人说的。

那么，"那吃祭物的岂不是在祭坛上有份吗？"此话的意思是什么呢？

《圣经》将一切的罪归为两类，即"肉体的事"和"情欲的事"。凡违背真理的一切罪统称为祭偶像之物。属肉体的以色列人是指虽在坛上有份，却吃祭偶像之物的人，就是指那些虽然来到神的殿中，却仍活在罪孽中的人们。

"我是怎么说呢？岂是说祭偶像之物算得什么呢？或说偶像算得什么呢？我乃是说：外邦人所献的祭是祭鬼，不是祭神，我不愿意你们与鬼相交。你们不能喝主的杯，又喝鬼的杯；不能吃主的筵席，又吃鬼的筵席。"（10章19节-21节）

这里保罗在圣灵的感动中论及偶像和祭偶像之物的比喻。

"外邦人"是指不信主的人。他们经常祭鬼。他们认为祖先死了就会变成鬼，便向鬼献祭。祭拜祖宗鬼，是愚昧的行为，因为他们所拜的实际上并不是他们的祖宗。

那么，祖先都到哪里去了呢？生前信耶稣基督的人都到了乐园（路加福音23章43节），不信的人则都被拘留在阴间（路加福音16章23节）。因此人即使摆设供品，虔诚祭拜祖宗，受拜的却不是自己的祖宗，而是另外一些的鬼。凡未得救恩而死亡的灵魂，都要降到下阴间，其中有一部分灵魂，在特殊的条件下来到这世界，他们便是鬼（参照《地狱》一书）。

向鬼叩拜是与鬼相交的行为。向活着的父母叩拜是我们对他们恭敬的行为表现，父母是悦纳我们这颗孝心，这是心与心的交流，因此可谓与父母相交。与此同理，向鬼叩拜是等于与鬼相交，因此保罗说"我不愿意你们与鬼相交。"

第21节说："你们不能喝主的杯，又喝鬼的杯；"的确，侍奉神的人岂能侍奉敌神的鬼？侍奉鬼的人，又怎能侍奉鬼最为恨恶的神呢？

一人不能同时走向两种目的地；要么去往首尔，要么去往釜山，必须两者取其一。同样，我们不能同走灭亡和永生两路。

或有人说："我因信心不足没有办法。我虽来到教会，到神面前敬拜，也喝主的杯，但一到祭日，因父母所迫，不得不磕头。"然而，对这等事，我们绝不能容忍，这是连一点信心都没有的凭证。

信主的人虽然称神为父，反倒犯罪作恶，与世俗为友，讨仇敌魔鬼的喜欢，这岂不是喝鬼的杯，又吃鬼的筵席吗！要么活在真理里面，要么活在罪孽里面，我们只能两者取一。神之所以使用"鬼的杯"、"鬼的筵席"、"祭鬼"等比方，是要便于人们加深理解这一道理。

"我们可惹主的愤恨吗？我们比他还有能力吗？"（10章22节）

有谁比主更有"能力"呢？就是那些动辄埋怨神，声称离开教会，或试探主的人。我们岂能比主有能力，岂可惹主的愤恨呢？惹主的愤恨，就是不怕神的凭据，也是表示比主还要强壮。如此说来，那些"比主还有能力"的人，显然是不信主的人。

一个人既然相信主的永能，怎能说自己比主有能力呢？人彻底破碎自我以后，就会告白说："唯独靠着那加给我力量的，我才是强壮的，主若不与我同在，我便算不得什么！"他们必像使徒保罗所告白的那样，不断攻克己身，叫身服己；天天治死老我旧人。

凡如此谦卑向主屈膝，全然相信主的人，必然爱主，而且必然照着主真理的话语，服侍弟兄，和睦同居。不会与主所恨恶的一切罪和不义妥协，并且各样的恶事禁戒不做，除去身体、灵魂一切的污秽，得以成圣，亦即不沾染拜偶像的事，不吃祭偶像之物，绝不与鬼相交。

人犯罪，无非都是因受撒但的挑唆。便因此吃祭偶像之物，即犯罪作恶，做不义的奴仆，就是与撒但相交、顺服撒但。这样的人不会惧怕神，反倒试探神，埋怨神，他们从而便是"比神还有能力"的人。

字义层面上的祭偶像之物

"凡事都可行, 但不都有益处; 凡事都可行, 但不都造就人。"(10章23节)

神造人, 并赋予自由意志, 叫人可以自由行动, 不像天使那样无条地件地顺从神、为神服役。神在伊甸园放置善恶树果, 并告诉人: 吃那果子的日子必定死, 而若是不吃, 便能永远与神同行, 得享永生。然而, 人却滥用自由意志, 悖逆神的吩咐, 偷吃禁果, 最终走上灭亡之路。无论这样做, 还是那样做, 凡事我们都可行, 但唯独照着神的旨意生活的时候我们才得益处, 不活在真理里面的时候, 就会轻易走向败坏之路。

凡事都可行, 但不都造就人, 例如: 我们不能因为自己有信心就可以在葬礼上随意欢谈说笑。应当懂得配合现场氛围, 安抚亡者亲属的悲哀。

信主的家庭有丧事, 我们应当吟唱盼望在天国相会的诗歌。但

无论作什么都要为荣耀神而行

其家族中有不信的人若对此感到不满，我们也应当对他们给予关怀。这只是个别的例子，在其它方面也都要如此，一定要切记"凡事都可行，但不都造就人。"这句话。

"无论何人，不要求自己的益处，乃要求别人的益处。凡市上所卖的，你们只管吃，不要为良心的缘故问什么话，因为地和其中所充满的都属乎主。倘有一个不信的人请你们赴席，你们若愿意去，凡摆在你们面前的，只管吃，不要为良心的缘故问什么话。"（10章24节-27节）

爱篇——哥林多前书13章说道："爱是……不求自己的益处"。这就是属灵的爱。世界上的爱，则是求己益处的属肉体的爱。

当我们彻底破碎自我，具备能够为他人牺牲自己的胸怀气量时，神所赐的属灵的爱，便会充满在我们心里。离弃属肉体的爱，取属灵的爱而代之时，心里会时常充满喜乐与感恩。神就是叫我们以这种爱去求别人的益处。

还说："凡市上所卖的，你们只管吃，不要为良心的缘故问什么话"，这是指着拜偶像的坛前所摆设的祭物说的，这跟第23节说的"凡事都可行"互相照应。

我们到集市买东西的时候，不会先问店主是不是拜偶像的，然后才买他的东西。卖货的时候，也不会问买主拜偶像与否，即使问出他是拜偶像的，也不会对他说："因为你是拜偶像的，所以我不能把东西卖给你。"我们根本没必要问他们是拜偶像不是，只管买卖便可。

同样，我们面对食物的时候，也没必要问这是祭偶像之物不是。宇宙万物都是属乎神。因此说"凡摆在你们面前的，只管吃，不要为良心的缘故问什么话。"

而且，不信神的人摆设筵席或请你吃饭的时候，也不要问："这是不是曾在偶像面前摆过的食物？这是不是祭偶像之物？"凡物都是属乎神的，是神所赐的，因此可以凭着信心吃。但也有些时候是不应该吃的，对此要在下一节中进行讲解。

> "若有人对你们说'这是献过祭的物'，就要为那告诉你们的人，并为良心的缘故不吃。我说的良心不是你的，乃是他的。我这自由为什么被别人的良心论断呢？我若谢恩而吃，为什么因我谢恩的物被人毁谤呢？"（10章28节-30节）

意思是：倘若一个不信神的人心想"据我所知，信主的人是不吃祭偶像之物的，此人是信主的人，我用祭偶像之物招待他，岂不是失礼呢？"便对那信主的人敬请谅解，说："这是献过祭的物"，那么此时那信主的人，不吃是对的。当然，食物虽是神所赐，但那些食物已经用于祭鬼的用途上，既然知道了，就不必刻意去吃。

如果吃了，那不信的人就会论断："听说此人是基督徒，可今天看来他也不过是假冒的。"这样一来，便被那人的良心论断，以致羞辱神的荣耀。

那人告诉你"这是献过祭的物"，其意图显然是劝你不吃，因此理所应当要为那人的缘故而不吃。而且，既已得知那是祭偶像之物，不吃是理所应当的。

这里"我说的良心"是指那提醒说"这是献过祭的物"之人的良心。如果既已听说那是祭偶像之物，却仍要去吃，便会被对方的良心所论断。

我虽有信心可以吃，也有自由那样做，但没有必要明知要被别人论断却刻意去吃。因为我们不要求自己的益处，乃要求别人的益处。

马太福音5章39节-41节说："只是我告诉你们：不要与恶人作对。有人打你的右脸，连左脸也转过来由他打……有人强逼你走一里路，你就同他走二里……"

只要能给对方带来恩典，使对方获得救恩，我们甚至可以做到这个份上。同样，别人若告诉我们这是祭偶像之物，我们就不要吃，免得对方加以论断。

"谢恩而吃"之意是：顺着良心行在真理当中。然而，有人说"这是献过祭的"，你却仍以自己有信心为由而吃，对方会诽谤你说："上教会的人怎会这幅德行，信神的人居然只顾贪吃。"

因此，在这种情况下，我们应当为了那些没有信心或信心不足的人而不吃。谢恩而吃，却导致别人诽谤你，这有何益处呢！

无论作什么都要为荣耀神而行

"所以，你们或吃或喝，无论作什么，都要为荣耀神而行。"（10章31节）

逢年过节还乡，会碰到父母献祭。此时父母若吩咐我们在祭偶像的坛前叩拜，我们断不能以不让父母伤心为由，服从父母，叩拜偶像。应当事前智慧地说服父母，以便即使不叩拜偶像也能彼此和和气气。

家人摆好了餐桌，桌上都是献过祭的物，此时你若说："这些食物我不能吃，给我另摆一桌吧。"父母一定会很生气。打破了和睦，传福音便受阻了。

因此，即使是祭偶像之物，是你不愿意吃的，但若是出于给父母传福音的考虑，凭着信心吃也是无妨的。因为食物都是神所赐的。面对这些事，我们应当或吃，或喝，无论作什么，都不求自己的益处，单单为荣耀神而行。

"不拘是犹太人，是希腊人，是神的教会，你们都不要使他跌倒；就好象我凡事都叫众人喜欢，不求自己的益处，只求众人的益处，叫他们得救。"（10章32节-33节）

这里"犹太人"是指信神的人，"希腊人"则是指不信神的外邦人。使徒保罗从不求自己的益处，而凡事求众人的益处，他甚至表示：如果我不吃肉能够有益于别人，我宁可永远不吃肉。他活着从来不为自己，虽然受过割礼，但他体贴未受割礼的人，能与其和睦相处。

这一切都是出于拯救灵魂，并荣耀神的目的。我们也应当不求自己的益处，无论作什么，都能为荣耀神、拯救灵魂而行。

第十一章

关于属灵的次序

你们该效法我

关于属灵的次序

新约时代女人不用蒙头的原因

产生辩论和纷争的原因

要明白圣餐的实意

你们该效法我

你们该效法我, 像我效法基督一样。我称赞你们, 因你们
凡事记念我, 又坚守我所传给你们的。"(11章1节-2节)

就像耶稣基督至死顺从神的旨意一样, 使徒保罗也至死遵从
了主的旨意。他用真理更新自己的心志与言行, 完全模成了耶稣基
督的形像。

耶稣说过: "你们若遵行我所吩咐的, 就是我的朋友了。"使
徒保罗因为以耶稣基督的心为心, 所以可以充满自信地说: "你们
该效法我。"使徒保罗凡事按真理而行, 言语行为无可指摘, 因此
效法他就是等于效法主、效法神。

不过, 传道人不能随意学使徒保罗对圣徒们说"你们该效法
我。"一个既没有效法神的心, 也不顺从神话语的人若是这么说,
便是出于骄傲。

如果你要是像使徒保罗那样全然效法主的心肠, 扪心无愧, 无

可指摘，活出神的旨意，便完全有资格教导人说"你们该效法我。"

使徒保罗是何等人！他或吃，或喝，无论作什么，都为荣耀神而行。为耶稣基督，他不以性命为念，也不看为宝贵，虽然屡次受鞭打，遭受百般的逼迫，他也依然喜乐并感恩。他不畏艰险，完全将自己的生死置之度外，一心一意行在神指引的道路上，完成主所托付的宝贵使命。

他之所以能够甘心乐意走这条道路，是因为心存天国的盼望。我们若有真信心，就应当效法使徒保罗如此这般的心志、品性与行为。

第二节说"你们凡事记念我"，那么哥林多教会的信徒记念保罗哪些方面呢？

使徒保罗多次进行传道旅行，开拓教会，见证主的复活与十字架的道理。而且以托人捎信或寄信的方式传主的道。哥林多教会信徒们把保罗所传的道当作神的话来领受，并遵守。

他们亲眼目睹使徒保罗祷告的样式，零距离领受保罗的教导。由于他们认识那是准确无误的真理，从而凡事记念保罗的教导，并且谨守遵行。

使徒保罗单单传扬耶稣基督的福音。他唯独传授神的旨意和诫命。他经常教导说：你们要喜乐、感恩；要祷告、要彼此和睦；要脱去不义，追求良善，这就是神向你们所定的旨意。使徒保罗称赞哥林多教会的信徒们遵行他的这些教导。

关于属灵的次序

"我愿意你们知道，基督是各人的头，男人是女人的头，神是基督的头。凡男人祷告或是讲道("讲道"或作"说预言"。下同)，若蒙着头，就羞辱自己的头；凡女人祷告或是讲道，若不蒙着头，就羞辱自己的头，因为这就如同剃了头发一样。女人若不蒙着头，就该剪了头发；女人若以剪发、剃发为羞愧，就该蒙着头。男人本不该蒙着头，因为他是神的形像和荣耀，但女人是男人的荣耀。"(11章3节-7节)

保罗称赞哥林多教会的信徒们遵守他的教导，同时教导他们属灵的次序，因为他们当中没有次序。

这段经文表示：女人的头是男人，男人的头是基督，基督的头是神。因此，第一是神，第二是基督，第三是男人，第四是女人，这就是神所定的次序。

"凡男人祷告或是讲道（"讲道"或作"说预言"。下同），若蒙着头，就羞辱自己的头；凡女人祷告或是讲道，若不蒙着头，就羞辱自己的头，因为这就如同剃了头发一样。"这段经文，我们若从字义层面上看，是很难理解的。

女圣徒们祷告，或是讲道时，是否照这段经文要蒙着头呢？如今天主教，妇女在弥撒中必须要蒙头；中东地区的妇女出行时，头上务必要裹着希贾布（面纱或头巾）。这是因为他们仍在行为层面上遵守旧约的律法。然而，在新约时代，我们遵行律法则是要在属灵意义的高度上。

男人为何不该蒙头呢？

经上说："基督是各人的头，男人是女人的头，神是基督的头。"

这里"头"包含着三种意义——领先、居上、位高。女人的头是男人，是指男人居女人之上，并领先于女人，而且权柄大过女人。

在家庭里，妻子唯独在真理里面顺从为首的丈夫，方能成就和睦的家庭。在公司里，人也要顺服自己的上司。不过，此话之意并非叫你因是长辈，或地位高就自恃自傲。反而位高更要谦卑为怀，把自己摆在低处，摆在服侍的位置上。旧约律法的要求只停留在行为的层面上，而新约则是本着信遵行律法。因此，在旧约时代，人们务要遵行第4节到第7节经文的内容。

那么，为何说男人蒙头会羞辱基督的形像和荣耀呢？

第7节说男人是神的形像和荣耀。神造人，造男造女，在这地上，男人代表基督的形像。从灵里讲，神和基督是头，从肉体而言，神将眼看得见的男人立为头，因此男人代表基督。

蒙头是指一种约束。代表基督的男人蒙头，是表示他受某人的约束，这是不可以的。也就是说耶稣基督不能受谁的约束。由此，男人蒙头便是羞辱基督的荣耀。

女人蒙头之意是什么？

第5节说："凡女人祷告或是讲道，若不蒙着头，就羞辱自己的头，因为这就如同剃了头发一样。"

这是指着因行为称义的旧约时代而言的。女人蒙头是表示：在地有管辖我的人，并以此表示降卑自己。

这世界上居女人之上的是谁呢？就是男人。因此，女人不蒙头，就是表示不愿意受男人管辖。亦即"我要作首、无人居我之上、我不受人的管辖"之意。这乃是对神言语的悖逆，是骄傲的表现，也是羞辱自己上头的男人。

因此，女人要以顺从和服侍的心志蒙头。如若不蒙头，是羞辱自己的头，如同剃了头发一样。但不能误解此话说：从此祷告时一定要蒙头。而应当理解这话所包含的属灵意义。

> "起初，男人不是由女人而出，女人乃是由男人而出。并且男人不是为女人造的，女人乃是为男人造的。因此，女人为天使的缘故，应当在头上有服权柄的记号。"（11章8节-10节）

创世记第二章记载神为何造女人，女人是怎样从男人而出。神取了亚当的肋骨，造了女人，好使男人有配偶帮助他。于是称"女人是男人的荣耀"。经上阐明女人要顺从男人的缘由：因为女人是为男人造的。

那么，"女人为天使的缘故，应当在头上有服权柄的记号。"此话是什么意思呢？

"应当在头上有记号"，是指要蒙头。天使是为神所造，是为神服役的灵，故这里说"为天使的缘故"，是表示人要注重灵界的次序。

希伯来书1章14节说："天使岂不都是服役的灵、奉差遣为那将要承受救恩的人效力吗？"这里显明灵界的法则和次序。神以权柄管理天使，又差他们为我们信主的人效力。

天使的功用各有分别：有的奉命在这地上服侍我们；还有的在天上记录我们的一举一动，如马太福音18章10节所记。启示录还出现专司接传我们祷告的天使（启示录8章3节）。总之，天使照着神的安排各尽其职，并然有序地遵循灵界的法则和次序。

神造天使在人以先。天使由于看见神造亚当，并取了亚当的肋骨造女人的过程，从而知道女人是为男人造的。由此，女人顺从男人是天理，女人若对男人悖逆，天使怎能服事像她这样的主人呢？

假如一个人在儿子当老总的公司里当门卫，他在家里可以管老总叫儿子，但在公司里可要以老总相待，若不然会败坏风气，以致乱了次序。

因此，在世的岁月里，女人的头就是男人，故要顺从男人，并要蒙头，以示自己是服权柄的。

"然而照主的安排，女也不是无男，男也不是无女。因为女人原是由男人而出，男人也是由女人而出，但万有都是出乎神。"（11章11节-12节）

现在开始我们在新约的层面上探讨这个问题。自首先的人亚当受造之后，没有男人就没有女人，没有女人也就没有男人。神创造亚当和夏娃，分别赋予他们精子和卵子，以利于生养众多，繁衍生命。

这是在表示男女平等。按灵界法则或次序，女人是要顺从男人的。神叫女人遵循次序顺从男人，是叫夫妻彼此和睦，彼此安慰，彼此相爱，并不是叫男人约束或辖制女人，或行使暴力。

"女人原是是由男人而出，男人也是由女人而出"，意即男女是平等的，女人要在主里面顺从男人，男人也要爱女人如己，要遵照神的旨意，彼此相爱，合而为一。

新约时代女人不用蒙头的原因

"你们自己审察，女人祷告神，不蒙着头，是合宜的吗？你们的本性不也指示你们，男人若有长头发，便是他的羞辱吗？但女人有长头发，乃是她的荣耀，因为这头发是给她作盖头的。"（11章13节-15节）

按照旧约的律法，女人若要祷告神，必须要蒙着头，以示自己在男人以下。反之，男人若像女人那样留长头发，他的良心会感到羞愧，因为样子像个女人。

女人也相仿。她们若穿了男人的衣服，妆扮成男人的模样，理当感到惭愧。男人在地上是为神的形像和荣耀，因此没有理由受拘束，然而像女人那样留长头发，便是羞辱神了。

况且，倘若一个认识神，懂得灵界之法则的人，若轻忽了这种次序，那么他应该感到羞耻。违背次序，亦是骄傲的表现。

第15节说："但女人有长头发，乃是她的荣耀，因为这头发是给她作盖头的。"这段经文表明：到了新约，女人不用蒙头。那么，既然到了新约就不必蒙头，为何在旧约非蒙头不可呢？

旧约时代，守律法的标准主要在于行为，因此需要蒙头以示长头发。然而，新约时代则是由圣灵将我们引入真理，因此就不用蒙头。也就是说，圣灵在我们心里维持次序，主管我们遵循真理的次序，并教导、帮助男人和女人发挥各自的功用。

比如说：靠圣灵的帮助领会真理的妻子，会因醒悟到自己当尽的本分而顺从自己的丈夫。也就是说：在新约时代，女人不用蒙头，也会顺着圣灵的带领，遵守次序。

当然，这段经文的意思并非叫女人留长头发。作为女人只要常保持适合自己的端正仪表就可以了。

歌罗西书3章18节说："你们作妻子的，当顺服自己的丈夫，这在主里面是相宜的。"就是说作妻子的要在主里面顺服自己的丈夫，而非在主外。

那么，在主里面顺从的意思是什么呢？

如果丈夫反对妻子参加主日敬拜，或叫她犯罪，作妻子的岂能顺从自己的丈夫呢！若是顺从了，她便是悖逆了恩主。她理当凡事以主的话语为至上，因为主高过她自己的丈夫。

不过，丈夫若拦阻妻子去参加周五彻夜礼拜，这个时候最好是不去，便是照着次序顺从自己的丈夫。主日礼拜是我们必要持守的，因为这是神的命令，但周五礼拜则不是我们非守不可的。当然，参加周五彻夜礼拜也是神的旨意，是讨神喜悦的行为。但若丈夫不许，可以先以智慧的言行，好好服侍自己的丈夫，以致使他心悦诚服地准许你，这便是在主里面顺从自己的丈夫。

作丈夫的也不能叫妻子无条件地服从自己。因为歌罗西书3章19节说："你们作丈夫的，要爱你们的妻子，不可苦待她们。"作丈夫的要爱自己的妻子如同爱自己。爱是舍己为人，爱是不求自己的益处，真正有爱的人怎能苦待自己的妻子呢？

产生辩论和纷争的原因

"若有人想要辩驳，我们却没有这样的规矩，神的众教
会也是没有的。"（11章16节）

　　教会务要和平，要有次序，要顺从，不可争论是非，彼此辩
论。因此说，辩驳是世人的规矩，神的众教会没有这样的规矩。
　　旧约时代也是如此，人必须要顺服神的命令，不能任意妄为。
神本为善，本为义，祂是圣洁的，在祂毫无邪恶，祂愿意将一切上
好的福分赐给我们，因此，对神的命令只要我们信而顺从，便是福
气。我们要在真理里面遵循次序，这是神的旨意。但若各执己见，
辩驳争论，就会给撒但留地步。

　　辩论的原因是什么？

　　第一个原因是：不能克制自己。加拉太书5章17节说："因为情

欲和圣灵相争，圣灵和情欲相争，这两个是彼此相敌，使你们不能作所愿意作的。"

圣灵的九种果子结在心里的人不会与人辩论。他们既已结满了仁爱、喜乐、和平、忍耐等善果，怎会与人争辩呢？人们起纷争和辩论，都是因为未结圣灵的果子，胜不过自己情欲的缘故。

第二个原因是：不消除愤懑情绪。《圣经》吩咐我们要把肉体的邪情私欲都同钉在十字架上（加拉太书5章24节），且叫我们除去怨恨。我们从《圣经》旧约约伯记中可以看到约伯与朋友们辩论的情形，原因在于朋友们带着情绪对他进行规劝。神不喜悦他们这种作法，最终令他们要悔改。

第三个原因是：不合自己心意。某些事即使不合自己的心意，也当照着次序顺从。俗话说"木匠多了盖歪房子"，不能因不合自己的心意，就固执己见，我行我素。若觉得自己的想法对，可以提一两次诚恳的建议，若是不采纳，就当顺着次序，诚心配合，和谐共事。

耶稣从不争竞，不喧嚷，路上也听不到祂的声音，别人要跟祂辩论，祂就漠然回避。在耶稣看来，世人有很多不合真理的部分，但他从未与人争竞。正如马太福音7章6节所说："不要把圣物给狗，也不要把你们的珍珠丢在猪前，恐怕它践踏了珍珠，转过来咬你们。"我们应当把真理传给那些乐意领受的人，不肯领受的就不要给他, 免得与之发生争竞。

"若有人传异教, 不服从我们主耶稣基督纯正的话与那合乎敬虔的道理, 他是自高自大, 一无所知, 专好问难, 争辩言词, 从此就生出嫉妒、纷争、毁谤、妄疑, 并那坏了心术、失丧真理之人的争竞。他们以敬虔为得利的门路。"(提摩太前书6章3节-5节)

回想我们不信神时的光景, 我们曾经何等心高气傲! ——不愿意遵行神的道, 不听从敬虔的训诲, 自己虽然一无所知, 却吹嘘夸口, 以与人辩驳争论为能事。

不随从真理的人, 总是自以为是, 喜欢与人辩论。他们总觉得别人愚钝, 专好辩驳, 但在神看来他们却是自高自大的人。

我们如果看到别人的言行违背真理, 可以对他进行劝勉和开导, 但不必与他辩论和争竞。如果对方不听劝, 继续违背真理, 就要向神交托, 免得发生辩论争竞、违反次序的事。

"我现今吩咐你们的话, 不是称赞你们, 因为你们聚会不是受益, 乃是招损。"(11章17节)

希伯来书10章25节说: "你们不可停止聚会, 好像那些停止惯了的人, 倒要彼此劝勉。既知道(原文作"看见")那日子临近, 就更当如此。"从中可以得知, 殷勤聚会是神的旨意。

但聚会时不能辩论, 否则会成为"撒但一会"。辩论, 于人于己都没有益处, 反而会给神的国带来亏损。如果十个人辩论三个小时，便是等于枉费了三十个小时的时间。上面的人有什么指示，下面的人就进行辩驳，这样不仅浪费时间，而且耽误了神的圣工。

因此，辩论是我们当杜绝的，若有什么会议，就当简明扼要，可以将时间省下来用在神的圣工上。但哥林多教会的聚会却不这样，他们的聚会不但不是受益，反而招损。

"第一，我听说，你们聚会的时候彼此分门别类，我也稍微地信这话。在你们中间不免有分门结党的事，好叫那些有经验的人显明出来。"（11章18节-19节）

"分门别类"是指由于意见分歧，分派纷争。当今世界，很多教会存在这种分门别类的现象。

使徒保罗风闻哥林多教会聚会时有纷争，但他说"我也稍微地信这话"，因为这毕竟是传闻，并非他亲临现场所确认的，因此无法百分之百地相信。

传闻往往是不可靠的，或许是传的人出于误解而误传的，或许完全是个编造的谎言。而且不能只听一面之词，使徒保罗虽觉察到他们有纷争，但因还不能确定，便说稍微地信。

第19节说："在你们中间不免有分门结党的事，好叫那些有经验的人显明出来。""分门结党"是指意见上有分歧的人们互相挑起是非争端，分成帮派结党纷争。

但使徒保罗说：因有分门结党的事，是非才得以显明。此话并非表示他提倡分门结党的事，而是表示因着结党纷争，谁对谁错就显明出来了。例如，张三和李四激烈纷争，那么，旁观者清，从客观上看就可以认清张三和李四的是非对错。首先，用神的道进行对照，便知两人都有错。

但若张三起先回李四几句，后来觉得不应该，便保持沉默，然而李四却仍刚愎自用，继续对张三加以批驳，那么谁更有理呢？在出现纷争之前，看不出他们俩人谁更爱神，谁信心更大。就是因着纷争，显明了张三较比李四相对更爱神，更追求真理。

这些真理，我们可以应用在事业上，作为认识别人的智慧。当然，世上的人因为不信神，所以不会活在真理里面。但我们可以从他们的言行中辨别出他们合乎真理的程度，以及善良和正直的程度。

假如说我们发现下属职员偶尔说谎。那么，就算他在最近一段时间没有诡诈的表现，仍是不能信任他，因为在他仍然存在欺哄或背叛的可能，除非他完全除净虚谎的属性。对这样的人，我们不会给他托付重要的事。如果我们在人事调用上运用这些道理，就可以避免很多问题和麻烦。

要明白圣餐的实意

"你们聚会的时候,算不得吃主的晚餐;因为吃的时候,各人先吃自己的饭,甚至这个饥饿,那个酒醉。"(11章20节-21节)

初代教会圣徒们殷勤聚会,擘饼,吃主的晚餐。

那么,主为何吩咐我们持守圣餐礼呢?

圣餐礼上,我们所吃的饼代表主的身体;葡萄汁代表主的宝血。耶稣被钉于十字架,流尽了血和水,救赎我们脱离罪和死亡。我们不可忘记这一洪恩大爱,要照主的旨意,虔诚度日。就是在这种意义上,神赐给我们这吃圣餐的圣礼。

就是每当分享圣餐的时候,叫我们记念主赐我们肉与血的实意,诚然遵行神的话语,殷勤传扬主的福音。然而,哥林多教会的信徒们因不明白这些灵意，便随从肉体，吃喝宴乐，导致教会里发生分门结党的弊端和种种问题。

如今我们举行圣餐的时候，照旧吃饼，喝葡萄汁。然而，哥林多教会的信徒们将许多面包、肉、葡萄酒等食品带到聚会的地方，尽情吃喝享受。他们并没有聚在一起以敬虔的心用餐，甚至有的人因为饥饿，就先吃起自己的饭来。富裕的人预备得丰盛，与同类人聚在一处吃喝。

这自然导致矛盾的产生，甚至穷人和富人之间出现分门结党的现象。主吩咐我们举行圣餐礼，岂是叫我们结党纷争呢！富人吃饱喝足，穷人忍饥挨饿，这样的聚会显然是极不相宜的。

"你们要吃喝，难道没有家吗？还是藐视神的教会，叫那没有的羞愧呢？我向你们可怎么说呢？可因此称赞你们吗？我不称赞。"（11章22节）

参与圣餐的人要遵循程序，按时吃饼喝杯。但哥林多教会乱了次序，甚至有的人因为饥饿，就先吃了起来。富人食物摆得丰盛，尽情吃喝，冷落和藐视那些穷人，这就是等于藐视教会，绊倒弟兄，分门结党。使徒保罗首先指出这些错误之后，基于神的道，给他们讲起属灵的事。

若要指出别人的错，务要本着爱心。只说这个错了那个不对，便是毫无益处。规劝完了，务要给对方栽植真理的话语，这样才能使对方醒悟自己的过错，若是善人，必会承认自己的错误，并且回转归正。

"我当日传给你们的，原是从主领受的，就是主耶稣被卖的那一夜，拿起饼来，祝谢了，就擘开，说'这是我的身体，为你们舍的("舍"有古卷作"擘开")，你们应当如此行，为的是记念我。'饭后，也照样拿起杯来，说'这杯是用我的血所立的新约，你们每逢喝的时候，要如此行，为的是记念我。'你们每逢吃这饼，喝这杯，是表明主的死，直等到他来。"（11章23节-26节）

使徒保罗说他至今所传的话，原是从主启示来的，并不是他随意说的，也不是他自己悟出来的。耶稣在被钉十字架的前夕与门徒们一起分享了最后的晚餐。

约翰福音6章53节里，耶稣说："我实实在在地告诉你们：你们若不吃人子的肉，不喝人子的血，就没有生命在你们里面。"正如耶稣所说"我就是道路、真理、生命"，耶稣就是真理，真理就是神的话语。

因此，"你们若不吃人子的肉，不喝人子的血，就没有生命在你们里面"这句话的意思是：我们只有将神真理之道当作灵粮吃在心里，并且谨守遵行，方能获得永生。因此，神吩咐我们吃代表人子肉的饼，喝代表人子血的杯。

那么，每逢喝这杯的时候，我们当怎样记念主呢？

就是要记念耶稣为了代赎我们的罪，赐我们真生命所流的宝血。唯独吃人子的肉，喝人子的血，我们才能罪得赦免，获得真生命。因此领受圣餐的时候，我们应当思考这一灵意，并以敬虔的心吃饼喝杯。这就是神的旨意。

人们往往随着岁月的流逝，容易遗忘别人的恩典。耶稣由于清楚了解人的这种本性，便叫人按时吃饼，喝葡萄汁，以便将主的恩典与慈爱永记不忘。

总之，圣餐所包含的旨意就是叫人因着吃主的肉，喝主的血，走救恩的道路，并要殷勤传扬这福音，拯救许多失丧灵魂。若不懂得这一灵意而盲目领受圣餐，对人有何益处呢？

"所以，无论何人不按理吃主的饼、喝主的杯，就是干犯主的身、主的血了。人应当自己省察，然后吃这饼、喝这杯。因为人吃喝，若不分辨是主的身体，就是吃喝自己的罪了。因此，在你们中间有好些软弱的与患病的，死的也不少（"死"原文作"睡"）。"（11章27节-30节）

圣餐礼上，人不得随意吃主的肉，喝葡萄汁，自己有罪，应当悔改归正，若当时没有这般心志，就不应该领受圣餐。神吩咐我们按时举行圣餐礼的目的，是要叫人明白神使耶稣在十字架上舍身流血的旨意，从而能够遵照神的话语生活。人若不明白这些道理，仍旧活在罪孽中，却要吃圣饼喝圣杯，便是轻慢神的罪了。

因此，我们领受圣餐之前，必须首先用神的道对照自己，察验自己是否有罪。照真理看，自己若是依旧犯着罪，就没有资格领受圣餐。用真理省察自己，觉得自己够资格的时候才可以领受。

第29节说："因为人吃喝，若不分辨是主的身体，就是吃喝自己的罪了。"意思是：一个没有资格领受圣餐的人，若没有分辨地吃喝，便是在主面前犯罪。

第30节说："因此，在你们中间有好些软弱的与患病的，睡的也不少（以原文为准）。"这里"软弱的"非指一般的病人，而是指先天性，或后天性残障人，包括小儿麻痹、瞎子等。

睡的人，是指灵里的瞎子。信神的人理当开启灵眼，方能听道听出灵意来，并能与神进行交通，听到圣灵的声音。

这样才能欢喜领受神的道，神的道在他口中如蜜甘甜。然而，若有人信主十年二十年，却不吃主的肉，不喝主的血，亦即不遵行神的道，只有外在行为，有名无实，那么他仍是属肉体的人，是灵里沉睡的人。

这里说：因为人吃喝，不分辨是主的身体，所以有很多上述的人。但不可误解的是，并不是因没有正确领受主的肉和主的血，人就落入软弱，遭遇病患。

人得病的原因何在？

我们可以从出埃及记15章26节找到其答案——"又说：'你若

留意听耶和华你神的话，又行我眼中看为正的事，留心听我的诫命，守我一切的律例，我就不将所加与埃及人的疾病加在你身上，因为我耶和华是医治你的。'"

耶稣医治38年的瘫子时，曾对他说："你已经痊愈了，不要再犯罪，恐怕你遭遇的更加利害。"就这样告诉他疾病是因罪而来的道理。

人不够资格吃圣餐，意味着他仍旧活在罪孽和不义中。人患病，或者软弱的原因在于不遵行神的道，此人便是灵里的瞎子。

"我们若是先分辨自己，就不至于受审。我们受审的时候，乃是被主惩治，免得我们和世人一同定罪。所以我弟兄们，你们聚会吃的时候，要彼此等待。若有人饥饿，可以在家里先吃，免得你们聚会，自己取罪。其余的事，我来的时候再安排。"（11章31节-34节）

若是听了道就用真理去分辨自己，我们就能活出真理，便不至于受审。当仇敌魔鬼、撒但控告你是罪人、说你有这样那样的罪时，就会因那控告不妥当，神必然保守你。

我们不要做那些在神面前受审的事，只要得神呼叫我们为"我亲爱儿子，我亲爱的女儿！"人若有遭人论断的把柄，撒但就会向神控告他。神是按照灵界的法则，只好向他掩面，撒但便将疾病、试探和患难带给他，使他成为灵里的瞎子。他们这样在神面前受审，是因违背灵界法则的缘故。

不过，神允准撒但的控告，也是因着爱我们的缘故。希伯来书12章说："因为主所爱的，他必管教，又鞭打凡所收纳的儿子。……管教原是众子所共受的，你们若不受管教，就是私子，不是儿子了。"

神管教祂的儿女，是要叫他们不再与世俗为友，走灭亡之路。因此，神所爱的人若犯了什么错误，管教就立刻临到他。这是神爱他的明证。

第33节说："所以我弟兄们，你们聚会吃的时候，要彼此等待。"意思是：你们曾因不懂圣餐的灵意，聚在一起，就只顾吃喝，但现在你们既已明白了，聚会的时候就当虔诚擘饼。如今教会圣餐礼上，只是象征性地分享少许的饼和酒，然而，当时却不是这样。因此说："若有人饥饿，可以在家里先吃。"

"其余的事，我来的时候再安排。"此话之意是：由于篇幅有限，具体事宜难以诉尽，等来到你们那里，再细细讲论其余的事。

第十二章

圣灵的恩赐

圣灵叫人认耶稣为主

从圣灵来的各种恩赐

我们是基督的身子各自作祂的肢体

神在教会所设立的次序

圣灵叫人认耶稣为主

"弟兄们, 论到属灵的恩赐, 我不愿意你们不明白。"(12章1节)

这里"弟兄们"是指一切信神的儿女。"属灵的恩赐"顾名思义就是属乎灵界的恩赐;"灵"乃是"肉"的相对。

人类赖以生存的这个世界是三维世界。人类所未知的、看不见的世界叫作四维世界, 亦即灵界。灵界是永恒不变的世界, 在神的掌管中有序运转。神不仅是这三维世界的创造者和掌管者, 也是灵界的主宰。

使徒保罗表示: 希望信主的人都明白这些属灵的恩赐, 以及一切属灵的事。我们虽活在三维世界中, 但因接待耶稣基督, 领受了圣灵, 里头的灵死而复活, 便成为神的儿女。从此, 我们的名字被记录在生命册上, 成为永恒天国的国民。故我们理应了解这属灵的世界。虽是眼不能见, 但要相信有四维空间的世界, 并要遵循灵界的法则，活在神的旨意当中。

然而那些只有外在行为、徒有教名的基督徒，是不明白这些属灵之事的。他们因仍未脱离这有形三维世界的肉体之限制，虽口称信神，却不能与神交通，所求的也不得应允，无法经历到神的作工。正因为如此，给他们讲四维世界的事，他们就疑惑，不肯相信。

《圣经》上，耶稣和门徒们受逼迫，其缘由也在于此。那些自称精通律法的法利赛人、文士和大祭司，他们虽说是信神，却不明白属灵的事，只肯相信看得见的事物。看见四维空间的事显现，他们就疾首蹙额，妄加逼迫。在被罪恶与不义所充斥的当今世界，这种现象自然更趋猖獗。

"你们作外邦人的时候，随事被牵引、受迷惑，去服侍那哑巴偶像，这是你们知道的。"（12章2节）

回想大家在接受耶稣基督领受圣灵之前的生活情形。

"我从未拜过偶像，一次也没有在偶像前磕头。"或许会有人这样说。然而，这样说的人，其实正在供奉某种"偶像"。

比如说，对某些人而言，丈夫、妻子，或儿女是他们的偶像。名利或权势也会成为人们的偶像，有人甚至可以为此抛弃自己的家人。有的人，学问或财物是他们的偶像，有的人自己乃为自己的偶像。

甚至有的人供奉和叩拜那些用木头、石头、金、银、铜、铁所雕刻或铸造的各种偶像。也有拜日、月、星辰（如北斗星等）的；也有一有病就请巫婆跳大神的。这样一来，鬼就成了他们的偶像。

从前不认识神的时候，我们崇拜事奉那些哑巴偶像，那是何等愚昧可耻之举！想想我们曾经向那些人手铸造、雕刻、粉饰的偶像磕头祈福的情形——"求菩萨发发慈悲，叫我的儿子考上名牌大学！""求神灵祝福我事业红火！身体健康！"那是何等愚昧而可笑之举！

神与这些偶像迥然不同，祂是活神真神，只要我们凭着信心向祂祈求，祂必成全我们的心愿。我们至少持守最起码的信仰，即全守主日，奉献完整的十分之一，神必保守我们免遭各种事故或灾殃。

一个信徒若是遭遇了事故，其中必有原因，要么没守主日礼拜，要么没献十分之一。他遭受事故是因为神向他掩面，没有保守他的缘故。因此，那些不崇拜哑巴偶像，单单事奉全知全能的神，一心指望永恒的天国，学习领会灵界之奥秘的人，才是真正有福气的人。

> "所以我告诉你们：被神的灵感动的，没有说耶稣是可咒诅的；若不是被圣灵感动的，也没有能说耶稣是主的。"（12章3节）

我们听了十字架的道理，认识耶稣基督是我们的救主，并打开了心门，于是神把圣灵赐给了我们。圣灵来到我们心里，不断地生出灵来。也就是使我们靠着圣灵的帮助醒悟自己的罪，逐渐成为行义的人。

每天在圣灵的运行中行事为人的人，怎能骂耶稣是可咒诅的、是坏的、是恶的，或是错谬的呢？

凡领受圣灵的人都不会这样。从前他们因不信耶稣为救世主的缘故，不把耶稣称为主。即使称耶稣为主，也是出于形式，并非打心底里承认。可是凡领受圣灵的人，若有人说耶稣基督是我们的主，他一定会毫不犹豫地说"阿们！"以示肯定。

没有领受圣灵的人，不会承认神是他们的父。但领受圣灵的人因知道神就是生我们灵的，便甘心乐意称神为父。

从圣灵来的各种恩赐

"恩赐原有分别，圣灵却是一位；职事也有分别，主却是一位。"（12章4节-5节）

"恩赐"是指神因着祂的慈爱所彰显的特殊善工。也就意味着神照着祂丰富的恩典所赐予我们的各种礼物，以及所施行的各种事。包括施行拯救、赐下圣灵、医治疾病、成全所求等，均属于神的恩赐。

在由神而来的这些诸多恩赐中，有一些赋予特定名称的，如智慧的言语、知识的言语、医病的恩赐等。

恩赐是神通过圣灵的运行所赐予其儿女的，因此若想领受属灵的恩赐，必须要领受圣灵。说到这里，有人或许产生疑问：旧约时代的人们尚未领受圣灵，他们怎样领受预言的恩赐呢？那时，圣灵虽然还没有在人们心里内住，但圣灵可以从外部作工，叫人顺着所赐的感动说出预言。因此，他们除非被圣灵感动，就不能随时随口说预言。

　　然而，我们只要被圣灵充满，就能随时与神交通。恩赐是由圣灵所赐的，因此当我们被圣灵充满的时候，就能领受方言的恩赐，也可以彰显医病的功效。若要得到圣灵的充满，必须要凭着信心火热地祷告，拆毁与神隔断的罪墙。

职事是主所赐的

　　恩赐是圣灵所赐的；职事乃是主所赐的。劝察、执事、长老、神的仆人等职事都是主所赐的，旨在见证耶稣基督，拯救失丧的灵魂，成就神的国度。因为职事是主所认可的，所以无论是主日学教师，还是诗班事奉，凡一切职事都是重要的。

　　领受职分的人和没有领受职分的人，在对圣工的热心和成效方面，必然呈现很大的差异。因此，在神里面领受职分是非常可贵的事。人若因身负很多职务而心里作难，勉强担当，将来到了天国，也无法得神的称许。唯独本着感恩的心、喜乐的心和信心去担当使命的时候，才能从神领受天国的奖赏和天上的职事。

　　神的国度里也有各种职事，如诗班、乐队等。在地的使命，人有时担起来会感到吃力，但在天上却是一点也不吃力，反而只有欢乐与幸福。人若因世上的工作繁忙为由，不领受教会所赋予的职任，不肯发出热心，将来他在神面前还能得到什么赏赐呢？

　　比如说，小时候，老师打发我们做某些事，我们都非常乐意效劳，因为这表明自己能得到老师的爱和器重，很是欣慰和自豪。更何况，我们蒙创造主——神的认可，得以为神服事，是何等宝贵的事呢！因此，有信心的人，必会珍惜主所托付的职事，并且由衷地向神谢恩。

而且不能以为"这些职分是牧师所托付的"或者"这是机关长所委任的"。应当知道凡一切的职分，都是经主允准、奉主的名所领受的。

"功用也有分别，神却是一位，在众人里面运行一切的事。
圣灵显在各人身上，是叫人得益处。"(12章6节-7节)

"功用也有分别，神却是一位，在众人里面运行一切的事。"这里"功用"乃指功效，是关乎神的。按着不同的情形和状况，我们蒙神应允，或经历神的程度会呈现差异，凡这一切尽在神的掌控之中。

神在众人里面运行一切的事，乃是靠耶稣基督的名。职事则是由主所赐，靠圣灵的能力运作。故一切的事都是由三位一体的神合一同工才成的。

第7节说："圣灵显在各人身上，是叫人得益处。"那么，我们所得的益处是什么呢？圣灵来到各人心里，给人栽植信心，叫人离弃罪恶，活出仁义的道理。

若没有圣灵的作工，我们便无法领悟真理。因着圣灵的作工，我们才得以明白神的旨意，行在真理的道路上，以致蒙神的应允，荣耀神的名。因此，一切圣灵的作工都对我们大有助益。

> "这人蒙圣灵赐他智慧的言语，那人也蒙这位圣灵赐他知识的言语，"（12章8节）

这些恩赐到底是什么样的人配得呢？神愿所有的人都能领受祂的恩赐，但祂不会将恩赐随意赐给一个人，而只赐给那些预备好器皿的人、合神心意的人。关于"智慧"，在第三章已详细解释过。智慧有很多方面，包括生活的智慧、心里的智慧、处世的智慧等等。

为了便于理解"智慧的言语"，打个比方：有的人善于利用废品制造一些有用的物品，这也是一种生活的智慧。

智慧能够改善生活品质。例如：拿了同等额度的生活费，有的人总是手头紧，不够花，但有的人则支出伙食费、学费、租金、水电费等固定费用之后，还能照样存钱。

在应用神道的事上也与此相仿。按着怎样智慧地运用神的道，各人做事的果效将会呈现很大的差异。领受智慧言语的恩赐的人，他们运用神的道，会合时得当，恰如其分。因为他们凡事靠着里面的圣灵而行，从不顺着自己的意思而行。

圣灵能够将邪恶不义的人改变成温柔良善的人。并且赐人力量与能力、喜乐与感恩的心；又给人栽植信心与天国的盼望，使人能够胜过世界。

然而，并非所有的人都会改变。因为人的心地各有分别——有的是好土；有的是荆棘地；有的是土浅石头地，有的则是路旁地。加上人的精力和忍耐力有高低之分，因此即使听了同样的道，各人更新变化的程度也会呈现差异。

甚至有的人因良心麻木，毫无改变的迹象。耶稣的十二门徒之一加略人犹大就是其例。他虽跟随耶稣三年，听了许多真理之道，却丝毫没有改变。使徒保罗由于奇事和神迹伴随，见证神的大能，从而有许多人跟从他，但其中背信弃义，重新沉溺于世俗的也大有人在。领受智慧言语的恩赐的人，只要对方尚存一丝改变的可能性，就可以用智慧的言语，使他速得改变。

那么，怎样才能领受智慧言语的恩赐呢？

雅各书3章17节-18节说："惟独从上头来的智慧，先是清洁，后是和平，温良柔顺，满有怜悯，多结善果，没有偏见，没有假冒。并且使人和平的，是用和平所栽种的义果。"

若想领受上头来的智慧，我们必须要自洁成圣；成圣的境界越高，智慧的程度越深。为此，我们首先要在神眼中看为清洁、和平、温良柔顺、没有偏见，没有虚假。我们若殷勤吃主的肉，喝主的血，就必结出良善、和平、温柔、仁爱等属灵的果子。活出真理，自洁成圣，就能从神领受相应的智慧。这些道若能成形在我们里面，就能领受神无穷的智慧，亦即领受智慧言语的恩赐。

我们若领受这智慧言语的恩赐，便可以大得能力。在竞争激烈的商场，我们若依靠神所赐的智慧，必然居于榜首，成绩斐然，因为神的智慧，高过人的智慧，神的意念，高过人的意念。只要领受这一恩赐，在神里面就没有难成的事，包括教育子女、家庭福音化、家庭和睦、领人归主等所有方面我们都能得心应手。

其次说："那人也蒙这位圣灵赐他知识的言语"，"知识"的词义是：人们在实践中获得的认识和经验；辨识事物的能力。

刚出母胎的婴儿，毫无知识，头脑里一片空白。在成长的过程中，他们会通过观察、耳闻、受教，将各样信息不断存入头脑里，这头脑里的一切内容物便是知识。

这些知识，有的是对的，但很多是不对的，比如"被人打了要还手"等。《圣经》上讲的"知识言语的恩赐"是指正确领会神道所包含的灵意，全然理解神的心意，并将道成就在心里的状态。我们若想用知识的言语装备自己，必须要开启灵眼。否则只能在字义层面上认识神的话语，无法真正领悟其中的属灵蕴义。

例如："要常常喜乐，不住地祷告，凡事谢恩，因为这是神在耶稣基督里向你们所定的旨意。" 对身负执事或劝察职分的人来说，这一神言应该是耳熟能详的。但很多人只是在字义层面上认识这句话，却不知其属灵的内涵如何。我们只有了解其中的灵意，并成就在心里，才能成为"知识的言语"。不然，即使倒背如流，这段神言对他有何益处呢？

那么，这一神言成形在心里的人，会有怎样的表现呢？

他们由于清楚明白神叫我们常常喜乐的灵意，从而遇见试探患难也能常常喜乐，凡事谢恩，恒切祷告。

我们若是这样从灵里悟出神的道，并且遵行，存在心里，就能进入属灵的境界。我们若不把属灵的道装备在心里，便无法行出神的道，更是无法经历到神的作工。

那么，为何这也算是一种恩赐呢？

因为人离开圣灵的作工就无法领悟并装备神的道。爱慕神的道，被圣灵充满的人，常蒙圣灵的帮助，听起道来觉得如蜜甘甜，故不会受困倦和杂念的袭扰。这样的人随着心里积累道的知识，信心也会相应地增长。

信心越增长，我们越能清晰明白神的心意和旨意，便能遵循灵界的法则，行事为人无可指摘，以致凡事亨通，凡事顺利，仇敌魔鬼、撒但也无法搅扰我们，反而战兢恐惧，避我们而远之。

"又有一人蒙这位圣灵赐他信心，还有一人蒙这位圣灵赐他医病的恩赐，"（12章9节）

有这样一些人，他们一旦听到有关神的信息，就立刻相信，并且非常坚定。他们为什么会从起初就能领受信心的恩赐呢？前面提到，人心分为四类，分别是：好土、荆棘地、石头地、路旁地。"好土"代表无邪恶的良善之心。心存良善的人，只要通过神的道认识到何为恶，何为不义，便立刻改正自己的言语、行为和习惯。

一旦发现自己里面有违背真理的属性，就顺着纯净的良心，果断地将其离弃。

而且一旦经历到神的作工，或看见永生神的大能，就立刻心里相信。信心的恩赐，神就是赐给这样的人的。

那么，没有具备好土之心地的人怎样领受信心的恩赐呢？

信心是神的恩赐，并非人自己所能持有的。马可福音9章里，耶稣说："你若能信，在信的人，凡事都能。"此时，被鬼附的孩子的父亲对耶稣说："我信！但我信不足，求主帮助！"这里，孩子的父亲一开始说"我信"，可又接着说：但我信不足，求主帮助。

这里他说"我信！"只是出于知识上的信心，因为他听说耶稣是大能者，祂能叫死人复活，能叫瞎子看见。然而，靠这种知识上的信心是无法经历到神的医治和应允。因为这不是心里相信的真信心。

人若要蒙神的应允，必须要有属灵的信心，然而，这属灵的信心唯独来自于神。孩子的父亲因知道自己的信并非是发自内心的，所以求主赐他属灵的信心，耶稣便成全了他。

由此可见，信心有两种，就是属灵的信心和属肉的信心。人靠着因听闻而产生的知识上的信心是无法得救，也无法得到应允。唯独将这知识上的信心改换成属灵的信心，方能行出神的道，从而获得救恩，所求的得到应允。

那么，怎样才能领受神所赐的属灵信心呢？

若要领受神所恩赐的信心，必须要践行存在头脑里的神言。只要恒切祷告，被圣灵充满，除去非真理，取真理而代之，活出神真理的话语，就能领受上头来的信心，即属灵的信心。人们祷告，悟道，行道，弃罪，这一切都是因着圣灵的帮助才成的，因此说"又有一人蒙这位圣灵赐他信心"。

接着说"还有一人蒙这位圣灵赐他医病的恩赐"。"医病的恩赐"是指通过祷告医治各种病菌导致的疾病之能力。即使是重病缠身，只要认罪悔改，并接受有医病恩赐之人的祷告，就能得到痊愈。

一个因不懂真理而犯罪的人，若向神恳切祈求和仰赖，就能蒙神的怜恤，病得医治。但具有医病恩赐的人为他按手祷告，就能使他更容易，更快速地得到医治。

当然这会按疾病的轻重而不同。以癌症三期患者为例，他们或许经过一次祷告不能痊愈。他们身上生长癌细胞，应该是因违背神话语所致，尽管他自己本人或许醒悟不到这一点。其间在不断地设置罪墙的过程中，他们的心地越来越变得顽恶，以致很难把真理接在心中。他们往往四处寻医问药，用尽一切方法也仍无见效，最终迫于无奈才来到神面前寻求医治。

这样的人因心地刚硬，即使听道，也会心里疑惑，很难醒悟自己的罪。然而，他只要敞开心门，悔改自己的罪，具备信心，就能慢则一周，快则当即就能病得痊愈。

不过，并非没有医病的恩赐就不能医治病人。其实义人的祷告也会医治病人（雅各书5章16节）；爱心丰富的人在圣灵的感动中祷告，就能医治人的疾病。因为爱心的祷告能够打动神的心。

而且当你信心充足的时候，也能显出医治的功效。比如说我们经常可以看到信心比较大的区域长为区域成员祷告，使他们病得医治的现象。因为主会照着人的信心成全人，使人经历到信心所发的奇妙功效。

不过，倘若接受祷告的人没有具备信心，具有医病恩赐的人为他祷告也不会起功效。耶稣医治瞎子的时候也对他们说："照着你们的信给你们成全了吧！"（马太福音9章29节）因此，针对一个不懂真理的毫无信心的人，我们不要强勉他接受祷告。但只要有一点点的信心，就可以勉励他接受祷告，因为神会照着他信心的程度，对他进行相应的医治。

不过针对没有信心的人，神偶尔也会施行医治。这是特殊的例子。他们患病的原因是由于没有信心，没能活在真理里面，但他们一旦经历到神的大能，就会一心不变地过虔诚的信仰生活，因此，神会给他们医治。有时人多方为病患中的人祷告，求神使他的灵魂得救，神也会垂听他的祷告，医治那病人。

《圣经》上，人们经历神大能的情形不尽相同，故应当正确地分辨。这样才能按照真理，针对圣徒们不同的情况进行不同的开导。接受祷告之后，有的人立刻得医治，有的人则不见果效，带领人应当用真理正确分辨其根由，做出准确的诊断，对症下药。

为了蒙医治，有的人必须要认罪痛悔，拆毁与神隔断的罪墙，否则，无论怎样祷告也是无济于事。心爱的儿女患病的原因，有时在于父母心地刚硬，或犯了很多罪。此时，父母应当诚恳地悔改，转离恶道。

"又叫一人能行异能，又叫一人能作先知……"（12章10节）

"行异能"是指行人力不可做到的事。人们往往将医病的恩赐和行异能的恩赐混为一谈，但行异能的恩赐比医病的恩赐要更高一筹。

比如说，医病的恩赐所能医治的范围是：在医院动手术可以医治，或通过药物治疗可以医治的疾病。但是，行异能的恩赐则是可以医治人力不可医治的各种先天性疾病，甚至可以驾驭气象。

我们若领受行异能的恩赐，就连别人的品性也能改变。人们常说江山易改本性难移，但靠神的大能就没有难成的事。

《圣经》旧约中的摩西本是一个性情如火的人。但经过四十年的熬炼，他变得温柔谦和，胜过世上的众人（民数记12章3节）。

性情暴燥如雷的约翰，也改变成爱的使徒；性急如火的保罗也变成温柔的人，能够存着喜乐和感恩的心去承受百般的逼迫和苦难。这样，当人领受行异能的恩赐，非但能改变自己的品性，也能改变别人的品性，还可以医治各种不治之症、疑难病症，甚至可以驾驭气象。

神将行异能的恩赐唯独赐给合祂心意的人。

人一旦进入以爱神为至上的信心境界，就会为了深入得神喜悦的信仰境界，即为了拯救无数的灵魂、具备做圣工的能力，向神献上如火般的祷告。这样的祷告日积月累，便能行出超人的能力。

"作先知"的恩赐是指预言的恩赐（14章1节），乃指人被圣灵感动，预告将来的事。神赐人预言的恩赐，为的是要"造就、安慰、劝勉人"（哥林多前书14章3节）。例如，告诉人说：你若做这事，就会经历什么什么事。

真实的预言，都是神照祂自己的旨意，必要时叫人在圣灵的感动中说出来的。故声称自己领受了预言恩赐的人，很多都是假冒的。那么，怎样分辨其真伪呢？如果有人声称所说的是预言，指示你这样做，那样做，便要知道那是假的。对此，大家一定要好好分辨，免得入了迷惑，因为有的人顺着虚浮矜夸的本性，谎称自己会说预言，蛊惑人心，绊倒灵魂。

那么，人们为何容易混淆真假预言呢？

预言和依靠圣灵的测定是有区别的，应当分清。人到某种境界，就可以靠圣灵的帮助认清、读懂对方的心态，但不能认为这是预言。

一个努力脱去罪恶，多多祷告的人，若在圣灵的感动中读懂对方的心理，就说：你应该多做祷告，或者说：我看出你心里不平安，不要忧愁，只要喜乐……。要知道，这些不是预言。

如果这真是圣灵对他明说的，或者是他凭着圣灵感动说出来的，便是好的，因为这必会造就人。但无论传递的人，还是领受的人都不能称其为预言。

然而，一个尚未成圣、还未在真理里面站得稳的人，即使他平时多做祷告，也不能这样劝勉别人，因为他还不能清晰听到圣灵的声音，所以难以分辨自己说此话是否会绊倒人。

殷勤祷告，沐浴神恩的人，自然会被圣灵所感，或者听到圣灵的声音。但自己眼中有梁木的人，就没有资格劝勉别人。自己眼中有梁木，却挑别人眼中的刺，妄加指责劝戒，就会招致撒但的试探。

预言不是人可以凭自己意念说的。预言是出乎神。当人说预言的时候，神会主管其舌头和心思意念。其身体有漂浮空中的感觉，而且"肉体"（与身体连合的罪性）全都归为空无，并在圣灵的充满和感动中，顺着神的带领说话，就连自己也不知道在说什么，这才是出乎神的真正的预言。

不过，当人多多祷告，被圣灵充满的时候，或许会出现舌头颤动的现象，此时若口中流露出一些言语，不要以为这些都是预言。

尚未结出忍耐、节制、温柔等圣灵的果子，还不能活在真理里面的人，只因火热地祷告，被圣灵充满，这样那样的话随口而出，就以为那是预言，要知道这是一个误区。甚至有的人把自己祷告时顺着意念说出来的话当作是预言。

预言的恩赐是神赐给那些做大量的祷告，顺从神的话语，除净各样罪恶，自洁成圣之人的恩赐。这样的人可以在神面前做出完全的顺从，从而心里清洁，口里没有诡诈，远离不义。

故此，在这悖谬的世代很难找到真正的预言者。很多所谓的"预言"往往都是出于人意的论断，或者是源于那恶者——撒但的运行，因此，我们当警醒自守，免得入了迷惑。

"又叫一人能辨别诸灵，又叫一人能说方言……"（12章10节）

"辨别诸灵"是指明白神的旨意。我们若明白神的旨意，自然了解灵界的法则。神的国度里也有法则，若想了解这一灵界的法则，必须要全然顺从神的话语。无论神吩咐他去哪里，也能立刻遵命前往，就算是死荫的幽谷，也在所不辞的人，才有辨别诸灵的能力伴随他。

人靠自己能力是无法辨别诸灵的。唯独被神的灵引导的人才能做得到。当我们能够对神做出完全的顺从时，才能领受辨别诸灵的恩赐。

人若进入辨别诸灵的最高境界，就能在属灵的事物和属肉的事物之间做出准确的分辨。并能分清圣灵的声音和人的意思，以及善恶真伪。

而且，具有辨别诸灵之恩赐的人，能够认出与黑暗势力相交或被邪灵搅扰的人，因为他通过灵眼能够看见其周围呈现仿佛黑雾弥漫的现象。甚至也能凭着别人的眼神或脸色辨认出来。

为了领受辨别诸灵的恩赐，我们必须要全然顺从神的话语。这样，才能清晰听到圣灵的声音，行在神的旨意当中，以致靠着神的能力，进行属灵的分辨。

有的人自以为顺从神的旨意，其实是在脱离神的道路偏行己路。若要做出完全的顺从，必须要掐断自己的意念，亦即攻破自己的思想和观念。

哥林多后书10章3节-6节说："因为我们虽然在血气中行事，却不凭着血气争战。我们争战的兵器，本不是属血气的，乃是在神面前有能力，可以攻破坚固的营垒，将各样的计谋，各样拦阻人认识神的那些自高之事一概攻破了，又将人所有的心意夺回，使他都顺服基督。并且我已经预备好了，等你们十分顺服的时候，要责罚那一切不顺服的人。"

这里"争战"指的是属灵的争战。若想在灵战中得胜，我们务要攻破一切自以为是的观念，除去神所恨恶的一切骄傲的属性，以便能够全然顺服神的话语，粉碎仇敌魔鬼、撒但的营垒，蒙神赐福，凡事亨通，凡事顺利。有的人尽管懂得真理，时常祷告，且有信心，却仍灵里没有清晰的分辨，其原因在于不攻破自己的思想与观念，仍旧跑在神的前头。

其次，论到方言的恩赐。"方言"是指领受圣灵的人所做的灵性的祷告。方言祷告所呈现的状态因人而异——有的仿佛说日语、有的仿佛说中文，还有的说得像英语，有的方言还听不出来是接近那个语系。随着方言祷告的深入，方言会不断地升华和更新。方言的更新，意味着突破进入了属灵境界的另一个高度。

这方言的恩赐是很普遍的，凡领受圣灵的人都能得到。不过已经领受圣灵的人当中，偶而有未能领受的。他们由于生性内向害羞，很在乎旁人对自己的看法，便不敢呼求祷告，从而难以领受圣灵的充满。

神希望领受圣灵的儿女们时常警醒祷告，被圣灵充满。只要被圣灵充满，方言的恩赐便自然而然临到。信徒得方言的恩赐，往往是在祷告聚会的时候，或者自己一人呼求祷告的时候。

有的人在领受圣灵的同时，还得到方言的恩赐和预言的恩赐。《圣经》上记载人们在领受圣灵的同时，又说方言，又说预言的情形，这是人甚是取悦神的时候所出现的现象（使徒行传19章6节）。预言的恩赐，人轻易不能得到，然而方言的恩赐则相反，因为这会对我们祷告能力的提高产生帮助。

方言的恩赐，对人人有裨益。首先会提高祷告的质量。多做方言祷告，灵眼得以开启，借此可以获得充沛的灵力、活泼的悟性，以致灵命快速增长。

我们通过方言祷告，被圣灵充满，更利于消化吸收神的道，因此灵眼很容易被开启。这就如种子落在地里任其生长，不如疏松土壤，按时浇灌的种子长势旺盛。

我们靠着自己的悟性，对未来的前景茫然无知；几个小时后要发生什么事，无人可以料到。然而，我们里面的灵却是清楚地知道将来的事。对将来要发生的险情或问题，我们里面的灵会了如指掌，因此会向神献上祷告。

我们里面的灵，会在圣灵的感动中用方言祷告说：求主使我免遭将要发生的危险。神垂听这一祷告，就给我们开启一条出路，并使万事都为我们互相效力。就这样，多做方言祷告，可以预防或战胜试探与患难。

我们的灵祷告的时候，就会在神面前祈求我们自身最关键的问题。当然，所求的都是属灵的，没有一样是属肉的。例如，我们的灵会这样迫切地祷告：我脾气很大，求主帮我除去心中的怒气。于是神就帮助我们离弃怒气。我们里面的事，唯独我们里头的灵知道。灵会针对这些问题为我们祈求，以致很快蒙神的应允。

灵性的祷告，魔鬼、撒但是听不懂的，故无法进行亵渎和搅扰。方言祷告的内容，除非领受翻方言的恩赐，无人能分解，连自己也不知道，唯独我们里头的灵和神知道。

仇敌魔鬼一旦知道我们的心态，就会针对性地进行亵渎和搅扰。例如：一个不好好守主日的人定意要从下周开始好好守礼拜，魔鬼就给他安排重要的约会，或使他事业上出一些问题，使他守不住主日。

即使前面摆着危机或难题，我们只要用方言祷告，神必垂听那祷告，就给我们开一条出路。仇敌魔鬼由于听不懂，便得不着亵渎的机会。

而且，多做方言祷告，可以使我们深入属灵的境界，祷告的功效得以增强，灵恩得以充沛，对获得属灵的能力大有帮助。行异能的人，自然会说方言。不会说方言，很难领受神的能力，无法进入那种行异能的境界。总之，方言的恩赐对人多有益处，神巴不得所有的人都能领受方言的恩赐。

> "……又叫一人能翻方言。这一切都是这位圣灵所运行，随己意分给各人的。"（12章10节-11节）

"翻方言"是指在被圣灵的充满和感动的状态下，翻出方言的内容。

但要留意：有的情形貌似翻方言的恩赐，但其实不是。例如：在说方言的过程中，有的人突然说出类似于本国地方语系的方言，有人就认为他领受了翻方言的恩赐。

但这不是翻方言。进入方言祷告之深层境界，人会经历到这种现象：在被圣灵充满的状态下，开始流露出方言赞美，感动加深的时候继而本国语祷告不假思索而流露出来。然而这只是更深层次的悟性的祷告，而非翻方言的现象。

翻方言的恩赐，不是轻易可以得着的。神将翻方言的恩赐唯独赐给那些进入圣洁之地步的人，或在特殊的旨意中赐给那些必要的人。若想获得预言的恩赐，或翻方言的恩赐，必须要具备掐断意念的能力。

没有能力掐断自己意念的人，神即使赐他恩赐，说出的内容中也难免掺杂着人意的成分。针对那些不活在真理里面的人，神更不会把这种恩赐赐给他们。因为他们必会因此而受撒但的搅扰。

就这样，有的恩赐任谁都可以领受，有的恩赐则是神按着必要赐给人的。然而，人只要预备好器皿，就能领受智慧的言语、知识的言语、辨别诸灵的恩赐，以及说方言的恩赐。

圣灵的恩赐领受得越多，能力就越大，越能清晰与神交通。因此我们应当按需渴求圣灵的恩赐，但关键是要顺着圣灵的带领而求。如今，由于人们对恩赐的懵懂无知，导致众说纷纭，迷乱四起。因此，我们当爱慕寻求这些属灵的恩赐，但要首先正确领会各样恩赐的实意，以便能够照着属灵的次序，完美地成就神的国和神的义。

我们是基督的身子各自作祂的肢体

"就如身子是一个，却有许多肢体；而且肢体虽多，仍是一个身子。基督也是这样。我们不拘是犹太人，是希腊人，是为奴的，是自主的，都从一位圣灵受洗，成了一个身体，饮于一位圣灵。"（12章12节-13节）

人的身体上有许多肢体，包括眼睛、鼻子、嘴、双手、双脚等等。肢体虽多，身子仍是一个。在基督里面也与此相仿——主是葡萄树，我们是枝子，我们与主连成一体（约翰福音15章5节）。

那么，神在经上记录这些话的目的是什么呢？

这是特别针对圣灵的九种恩赐所设的比喻。就像身子是一个，却由许多肢体互相联络而成一样，圣灵是一位，但九种恩赐都是这位圣灵所运行，随己意分给各人的，但终究在圣灵里面要成为一体。九种恩赐是出于一位圣灵，在基督里面都将成为一体。

这里"犹太人"是指神的选民。相当于如今一切信主的人。

按灵意说，信主的人，都是犹太人。希腊人则非神的选民，是外邦人。外邦人是指不认识的神的人，相当于如今一切不信主的人。

故此"不拘是犹太人，是希腊人，是为奴的，是自主的"是囊括所有的人，亦即不分富足、贫穷、权贵、寒微，"都从一位圣灵受洗，成了一个身体，饮于一位圣灵。"不信神的外邦人，若听信福音，打开心门，接受耶稣基督，便从圣灵受洗，在基督里面归为一体。因此，在主里面就没有贫富贵贱，都是神的儿女，都是弟兄姊妹。

我们自从领受圣灵，就靠着圣灵的内住，领悟神的道，离弃罪恶，过仁义的生活。我们如此吃主的肉，喝主的血，弃罪成圣，便是饮于圣灵。

"身子原不是一个肢体，乃是许多肢体。设若脚说：'我不是手，所以不属乎身子；'它不能因此就不属乎身子；设若耳说：'我不是眼，所以不属乎身子；'它也不能因此就不属乎身子。若全身是眼，从哪里听声呢？若全身是耳，从哪里闻味呢？"（12章14节-17节）

我们身子上有很多肢体。假如脚想："手能跟人握手，可以做很多巧工，我却不能，我是多余的，便不属于身子。"但它仍旧是身体的一部分。

耳朵说：眼睛能看有趣的电影或美丽的鲜花，蒙主人的厚爱，可我却享受不到，故我不属乎身子。但耳朵仍旧是身体的一部分。

如果全身都是眼，从哪里听声音呢？看电影也不解其意，憋得难受。倘若全身都是耳，从哪里看事物，从哪里闻味呢？由于闻不着气味，泄露煤气也察觉不到，从而会导致生命危险。而且还终身闻不到各种怡人芳香。

> "但如今神随自己的意思把肢体俱各安排在身上了。若都是一个肢体，身子在哪里呢？但如今肢体是多的，身子却是一个。"（12章18节-20节）

神用话语创造了天地万物。万物中没有一样是碰巧进化来的。都是神照祂无限的智慧所造成的，故身上所有的肢体，都长在必要的位置，各行其能。眼睛、鼻子、嘴、耳朵等器官，都被安排得和谐完美。

经上说"神随自己的意思把肢体俱各安排在身上了。"神创造亚当的时候，将各样肢体合理地安排在他身上各处，如眼睛和耳朵各需两只，嘴只需一张……

上述的是字面上的意义，那么其属灵的意义是什么呢？

耶稣流血舍命，建立了祂身体的教会。因此，耶稣基督是教会的头，神是教会的主人。而且，圣灵在基督的身体里面运行，透过九种恩赐，成就父神的国和义。为此神在教会安排了很多肢体，即设立了各种职事。

正如第5节所记载，神在教会里按需设立了牧师、长老、劝事、执事等次序与组织体系。除此之外，还设有机关长、区域长、地区长、教区长等职分，并设立事奉委员、接待委员、诗班、主日学教师等职事。

耶稣基督的身子是一个，但肢体繁多，互相配搭、同工，成就神的国和神的义。神照自己的旨意，在人身上合理有序地安排了各肢体，照样，在基督身体的教会里，也将各样肢体安排得合理有序。

所有的职分都是重要的。在食堂事奉的人，不要因为不显眼，就以为自己的职分不重要。一个钟表里有大大小小的齿轮，它们相互啮合默契，有序运转，使钟表发挥其功用。其中没有一个齿轮是不重要的，无论大的，还是小的，都是不可或缺的。与此同理，教会里面的一切职分，在神看来都是一样的重要，只是在人看来有轻重之别。

圣灵的九种恩赐也是如此，没有一样是不足轻重的，为神的国和神的义，都是必不可少的。例如：方言的恩赐虽是普遍性的恩赐，但也不能认为是不重要的。人若领受方言的恩赐，火热地祷告，就能进入属灵的境界，以至灵眼打开，领受属天的能力。故此，方言的恩赐也是至关重要的。

若没有领受智慧言语的恩赐，人就只能在字义层面上理解神的道，以致只能停留在头脑里信的水准上，成为"糠秕信徒"，最终就连救恩都得不着。信心的恩赐也很重要，因为没有信心是无法得救的。

通过医病的恩赐，可以给人栽植信心；通过行异能的恩赐，可以彰显神的永能，使多疑的人信而归主。通过预言的恩赐，可以应对将来的事，更加彻底地活出真理。若不能辨别诸灵，会很容易入了迷惑，走向灭亡之路，故此，辨别诸灵的恩赐也是必不可少的。

说方言，却不能翻译，便无从知道自己在祷告什么，从而不会意识到说方言的必要性，且也不会刻意追求方言的恩赐。但通过翻方言，人们可以认识到其重要性，便爱慕方言的恩赐，为领受方言而发出热心。因此，在圣灵的九种恩赐中没有一样是不重要的。

"眼不能对手说：'我用不着你；'头也不能对脚说：'我用不着你。'"（12章21节）

相比之下，我们肢体中，眼睛是最蒙爱惜的。然而，眼睛不能恃宠而骄，对手说：我用不着你。眼睛里进了灰尘，需要手的帮助；有了手，才能把眼睛描饰得亮丽传神。倘若没有眼睛，手就不能自在地做事。故此眼睛和手都是一样重要的，它们彼此相顾，互相配搭，一同效力。

头也不能认为自己有知识、思想和智慧，比任何肢体都重要，便对脚不屑一顾。然而，脚若是不移动，头也只能呆在一个地方，同样，脚若没有头，便也是毫无用处，故两者没有轻重之分。

教会里面的职分也是如此。只有各尽其能，并且合作互动，才能如同上油的机器一样，运转圆滑，生机盎然。若没有上好油，即没有顺从，就会产生摩擦，彼此痛苦，运作不圆滑。唯独全然顺从，依照次序互相配搭运转的时候，才能成就神的国和神的义。

"不但如此，身上肢体，人以为软弱的，更是不可少的。身上肢体，我们看为不体面的，越发给它加上体面，不俊美的，越发得着俊美。我们俊美的肢体，自然用不着装饰；但神配搭这身子，把加倍的体面给那有缺欠的肢体，免得身上分门别类，总要肢体彼此相顾。若一个肢体受苦，所有的肢体就一同受苦；若一个肢体得荣耀，所有的肢体就一同快乐。你们就是基督的身子，并且各自作肢体。"（12章22节-27节）

我们五官中，鼻子显得比较脏。因为鼻孔里总是污黑肮脏。但也不能对鼻子说：你又脏又贱。因为我们呼吸生存全靠这一张鼻子。当感冒鼻塞的时候，人就会领略到鼻子的重要性。

鼻孔里的鼻毛看似无足轻重，但它的作用可是非同小可，它能过滤吸入鼻孔里的空气，保持身体健康。就是连这些微乎其微的平凡之物，神也赋予如此重要的功用，就是将加倍的体面加给那些欠缺的肢体，使其不被轻视，反而同蒙爱惜。

那么，神说这些的目的是什么呢？

我们身子的主人是我们里头的灵。在灵看来，身上一切肢体都是宝贵的，包括手、眼睛、耳朵、头等。同样，在教会的主人——神的眼里所有的职分都是宝贵的。针对看似卑微的职分，神也赋予重要的功用，将加倍的体面加给那些看似欠缺的肢体，免得彼此分门别类。

一只手被掐疼，所有的肢体都一同受影响。如果一只手断掉了，另一只手岂能快乐! 定会一同受苦。如同各样肢体彼此相顾一样，在教会里，圣徒们应当彼此相爱，合而为一。就是在家庭、社会，或工作上也当如此。

在教会里，某个区域取得复兴，荣耀神的名，其它区域应当一同欢喜和感恩。因为有益于自己的身子，即基督的身子。但若反而产生嫉妒、忌恨，便是在基督身体中渐渐腐烂的病残肢体。既然如此，就应当把那腐烂的部分赶紧截除。

使徒保罗具有超群的智慧。这智慧乃是从圣灵来的。他将神的旨意告知所有圣徒们，免得他们彼此嫉妒和纷争，以确保教会的安定。并且按照神的旨意，在教会里设立上下次序，使圣工得以有条不紊地开展下去。并形象地阐释：唯独在井然的次序中开展圣工，方能完好地成就神的国和义。

若不懂这种次序，说"教会里没有上下之分，都是平等的，凭什么要顺从。"这是错误的说法。左手不能因右手在凡事上成为主力，就嫉妒右手，反而应当一同欢喜快乐，互相配搭，互相效力。这就是次序。因此，神照着自己的旨意，在教会里立了次序，第一是使徒，第二是先知，第三是教师，其次是行异能的，再次是得恩赐医病的……

神在教会所设立的次序

"神在教会所设立的：第一是使徒，第二是先知，第三是教师，其次是行异能的，再次是得恩赐医病的、帮助人的、治理事的、说方言的。"（12章28节）

由此看来，次序不是人所设立的，乃是神亲自设立的。如前所讲，使徒是指全然顺从神旨意的蒙神认可的主的仆人。他们没有自己的意思，凡事顺从神的旨意；在他们只有一是，没有是而又非的。

主顺从神的旨意，取了奴仆的形像，降世为人，以舍命的代价，换来我们真生命。使徒就是效法主如此这般的心肠，彻底顺从神的旨意，尽忠竭诚为主效力，甘心乐意为主舍命的人。因此，使徒具有进入神宝座所在的新耶路撒冷的资格。

第二是先知。这里先知指的是在神的旨意当中蒙召的主的仆人。主的仆人当中有神亲自选召的，他们自然是神所喜悦的。还有自愿走主仆道路的。他们是因着心里火热，拯救灵魂心切，自愿走上这条道路的，但也是神所喜悦的。

神亲自熬炼那些照袖自己的旨意所呼召的仆人。神知道用怎样的方式熬炼一个人，就能使他成就指定的圣工。不仅是使徒，先知也不例外，神亲自炼净他们，成为合用的器皿。

这样的仆人，会努力成圣，尽心竭力做神的工。不仅神的仆人这样，合神心意的群羊也是如此。他们爱慕圣洁，竭力离弃罪恶，将心田开垦成沃土，以备成就神的工。

例如：教会的某些机关团契，聚会时只是大伙一起交流感情，谈笑风生，之后就散了。有的团契则恰恰相反——大家同心合意殷勤探访、传道、禁食、祷告。从属灵的意义上说，神就是将这样力拓神国度的人，纳入到先知的队列。

第三是教师，亦即教导人的师傅。神非常重视教导人的职事。教会里若没有教导人的，圣徒们的信便是枉然，因为信道是从听道来的。教会必须要有教导人的师傅，方能引领圣徒们明白真理，进入生命之路。然而，站在教师位置的，并非都是称职的。即使是面对一个人，也能尽心竭诚教导真理，这就是真正的教师。

第四是行异能的。通过行异能，能够见证永活的真神。若没有神迹的见证，无论怎样高明的教导，也不能叫人心里信神。只有行出异能，彰显神迹时，才能使众人将所听到的真理铭刻在心，并且努力谨守遵行。

其次是得恩赐医病的。领受医病的恩赐，比领受行异能的恩赐来得容易。通过医治众人的疾病，可以助长众人的信心。

还有帮助人的。助人的方式很多，可以用祷告和劝勉相助，也可以以安慰和勉励相助，并可以用财物进行帮补。这种爱心的服事和舍己的关爱，会使自己发出基督的真光和馨香之气，并能成就神的国和神的义。

还有治理事的。若要治理事，首先要治理己心。只有除去罪恶与不义，能结出圣灵的九种果子，才能治理己心。这样的人，爱德兼备，宽仁为怀，治人有度。他们治理诸事，不靠权柄、力量或严厉的训词，唯靠顺从和服事，以及宽容与恩慈。

最后是说方言的。多做方言祷告，就能深入属灵的境界，并能被圣灵充满，以致各种疾病得到医治，试探和患难退去，所求的速蒙应允。因此方言也是非常宝贵的。

"岂都是使徒吗？岂都是先知吗？岂都是教师吗？岂都是行异能的吗？岂都是得恩赐医病的吗？岂都是说方言的吗？岂都是翻方言的吗？你们要切切地求那更大的恩赐。我现今把最妙的道指示你们。"（12章29节-31节）

并非所有的人都能行异能，或教导人。各人要照所领受的恩赐造就人，并要切切地求更大的恩赐，荣耀神的名。若有医病的恩赐，就当殷勤祷告，爱慕行异能的恩赐，竭力成为神所称许的教师、先知，或使徒。教会里面的所有职分都是如此。即使是小的使命，也应当看为宝贵，并且爱慕追求。

第十三章

属灵的爱

属灵的爱与属肉的爱

缺失爱的大能与大信徒然无益

什么叫属灵的爱？

爱在天国里也是必要的

属灵的爱与属肉的爱

"我若能说万人的方言，并天使的话语，却没有爱，我就
成了鸣的锣、响的钹一般。"（13章1节）

第12章最后一节说："你们要切切地求那更大的恩赐。我现今
把最妙的道指示你们。" 这里"更大的恩赐"是指爱的恩赐。耶稣
的爱完全了律法。神又是爱的源头。我们走信仰历程，成就神的国
和义的终究目的，也是为了在爱里得完全。

那么，什么是神所认定的真爱呢？

爱分为两种：一是属灵的爱；二是属肉的爱。属灵的爱是神所
赐的，这是永恒不变，能为别人牺牲自己一切的崇高的爱。反之，
属肉的爱是求己益处的爱，随着岁月的流逝，会轻易变质或消亡。
论世上的爱，是包括父子之间的爱、夫妻之间的爱、弟兄之间

的爱、邻舍之间的爱、朋友之间的爱等等，其爱的浓度各有差别。

一般而言，父母对儿女的爱是无私的爱，被称为世上最崇高的爱。为人父母的通常会倾其全力给予孩子关爱与帮助；自己省吃俭用，也要让孩子吃好穿好。

然而，父母的这种"舍己爱子"心志的另一面，往往潜藏着求己益处的心。这种心态一般体现在父母把自己的意愿强加于孩子身上，迫使孩子做他不愿意做的事，以达到自我满足，或夸耀的目的。因此，当孩子一有不顺服的时候，他们就甚觉恼火。

要是孩子严重悖逆，让父母伤心，父母对孩子的爱心就会改变，不再肯为孩子牺牲自己。这样的爱显然都是求己益处的爱，均为属肉的爱。有的人声称自己可以为孩子舍命。但他若是单爱自己亲生的孩子，那么，他的爱也不过是求己益处的爱。不局限自己的孩子，对别人的孩子也能付出同样的爱，才算得上是属灵的爱。

夫妻之间的爱又是怎样呢？

世上也存在彼此为对方牺牲自己的感人肺腑的爱，但并不多见。热恋的时候，人们会说："你是我的生命，我的全部！"但一旦发现对方不合自己的利益，就轻易说出离婚二字。那些所谓的"爱你到白头偕老"的誓言，也往往经不起岁月的考验，终究被澄清为虚伪的谎言。

一旦牵涉到金钱，兄弟之间的爱往往也是不堪一击的，到头来反目成仇，不如外人。比如说，生活贫困的弟弟经常寻求哥哥经济上的援助，时间一长，彼此间的友爱便会产生裂痕。哥哥巴望弟弟不再出现自己眼前，甚者冷言冷语表示对他的厌烦，将弟弟拒之门外。可见兄弟之间的爱也是善变的属肉的爱。

然而，神的爱却不是这样。祂的爱是全然舍己牺牲的真爱、永不改变的属灵的爱。祂的爱是最崇高的爱，将我们引入永生与救恩。

第一节说："我若能说万人的方言，并天使的话语……"，这里"万人的方言"并非指哥林多前书12章所讲的方言的恩赐，而是各国语言的统称，包括韩语、日语、英语、华语等。"万人的方言"是指人口里所出的各国方言，迥异于兽类或鸟类的鸣声。

论到"天使"，令人联想到无瑕疵、无玷污、无邪恶的荣美形像。可想而知，如此圣洁的天使口中所出的话语，会是多么悦耳动听！因此，当人说话清脆悠扬，温柔悦耳时，人们便形容为"话说得像天使一样"。

不过，即使有一副好的口才，说话像天使一样美妙动听，若没有爱，"就成了鸣的锣、响的钹一般。"敲打空心的锣，会发出钝拙的声音；拍击薄薄的铜钹，会响起"锵锵锵"空虚枯燥的声音。意思就是：即使口若悬河，说天使的话语，若没有属灵的爱，便是徒然无益。

缺失爱的大能与大信徒然无益

"我若有先知讲道之能，也明白各样的奥秘、各样的知识，而且有全备的信，叫我能够移山，却没有爱，我就算不得什么。"（13章2节）

若有"先知讲道之能"，就可以对将来的事一目了然。若能预见未来，提前防备，及时应对，凡事自然顺利亨通。"各样的奥秘"是指万世前隐藏的神奥秘的智慧——十字架之道。这完全出自神主权的旨意，是要借以拯救因罪而注定灭亡的全人类。这一旨意在藉着耶稣基督得以成全之前，无人知晓，故称奥秘。

"各样的知识"非指世上的知识，乃是指领悟明白神真理之道的知识。即使明白这一切的奥秘和知识，若没有爱，便算不得什么。因为存在头脑里的知识，并不代表真正的信，无法靠此走永生之路。

我们不能只停留在认识各样奥秘和知识的水准，应当将此当作灵粮消化吸收。唯独这样活出神的道，将非真理离弃净尽，方能成就属灵的爱。

而且，即使有全备的信，能够移山，若没有爱，也是算不得什么。信与爱是有区别的；信心大，不一定爱心也大。当然，信与爱亦非毫无关联。信心牵动爱心，故而有信心则必有爱心。但信心大，并非代表爱心大。

设若一个人相信一切奇迹，包括摩西分开红海、以色列民围绕耶利哥使城塌陷、耶稣叫拉撒路死而复活等，但这信不一定带动爱心的增长。

我们可以看到有的传道人常为琐事而动怒，还不如不信的人。有信心却没有爱的长老、劝事、执事也大有人在。对这样的人，怎能称他们为属灵的人，怎能说他们里面有基督的生命，走永生之路！

正因为如此，即使有的人曾经奉主的名医病、赶鬼，行异能，但主却对他们说："我从来不认识你们，你们这些作恶的人，离开我去吧！"（马太福音7章）并说："凡称呼我'主啊，主啊'的人不能都进天国；唯独遵行天父旨意的人，才能进去。"

一个人没有爱，就意味着他虽然持有对主的信仰，出席教会，但没有活出神的道。就是将此形容为："我若有……各样的知识，而且有全备的信，叫我能够移山，却没有爱，我就算不得什么。"

"我若将所有的周济穷人，又舍己身叫人焚烧，却没有

爱，仍然与我无益。"（13章3节）

"没有爱的周济"是指那些"故意要得人的荣耀"而施行的假冒为善的周济。这样的周济神不喜悦。他们不仅在地得不到相应的祝福，在天也不会有任何赏赐的回报。

我们常常可以看到公开登报为遭受水灾或震灾的灾区民众捐款的人或公司的名称。但若实施匿名募捐，恐怕捐款的"热心"就大大降温了。

马太福音6章2节-4节说："所以，你施舍的时候，不可在你前面吹号，像那假冒为善的人在会堂里和街道上所行的，故意要得人的荣耀。我实在告诉你们，他们已经得了他们的赏赐。你施舍的时候，不要叫左手知道右手所作的；要叫你施舍的事行在暗中，你父在暗中察看，必然报答你（有古卷作"必在明处报答你"）。"

接着说"又舍己身叫人焚烧，却没有爱，仍然与我无益。""舍己身叫人焚烧"之意是：舍身忘我的牺牲精神。但是人既然能做到"舍己身叫人焚烧"的牺牲，怎会没有爱呢？

有这样一些人，他们不惜时间和物质的代价，全力以赴地做了某件事，却得不到别人的赞赏，就觉得委屈，或抱怨不平。有的人虽然不发怨言，但感到失意，热心减弱。如果别人对自己倾注心血做成的事指出欠缺的部分，就心灰意冷，甚者反唇相讥。

这些表现，是表明他们的忠诚不过是为了得人的赞赏，亦即为了得到某种回报而做出的虚伪的忠诚。他们的牺牲是没有爱的牺牲，结果没有益处。

什么叫属灵的爱？

"爱是恒久忍耐，又有恩慈……"（13章4节）

灵爱的相对是邪恶。因此，唯独将恶离弃净尽，方能具备属灵的爱。下面对属灵的爱进行细致的分解。

首先说"爱是恒久忍耐"，那么我们需要恒久忍耐的，都有那些方面呢？

就是针对爱人的过程中所要面临的各种试炼，以及治理己心的忍耐。

当我们施爱于人的时候，或许会意外遭到对方恶意攻击——无缘无故遭挖苦、刁难和诽谤。即使是面对这样的人，我们也应当治理己心，恒心忍耐，怜爱有加，这才是属灵的爱。故"恒久忍耐"是指我们必须忍耐和克服因顺从神道去爱别人时所遇到的一切困难。

不过，这爱篇里的"恒久忍耐"与加拉太书5章22节中圣灵所结九种果子之一"忍耐",分别具有不同的意义。圣灵果子中的"忍耐"是指为成就神的国和神的义,在凡事上恒久忍耐。也就是因真理的缘故,在凡事上恒久忍耐。但爱篇里的"恒久忍耐"是为了爱对方而付出的忍耐,亦即个人层面上的忍耐,是狭义的概念。

还有"(爱是)又有恩慈",这是指能够包容所有的人,使许多人可以栖息依偎的心怀。"恩慈"如同棉絮遭硬物的撞击而悄无声息,能够包容所有人的柔和温暖的心怀。恩慈的情怀又像一棵铺满绿荫的大树,供人栖息安歇。

恩慈并非代表柔弱的品性。神所认定的恩慈,是心中毫无邪恶,结满灵爱之果,就是面对极恶之徒,也能包容和忍耐,不以恶报恶的温柔的情怀。但有恩慈的人兼具德行和威严,待人不会一味地温和柔顺,他们治人有度,有时会以板正严谨的作风,引人归正。

有恩慈的人设身处地,善解人意,体恤宽容,言行端正,博得人心。因此,随处随地荣神益人,赢得众人的信赖、爱戴和称颂。

正如马太福音5章5节和诗篇37篇11节所说:"温柔的人有福了!因为他们必承受地土。""但谦卑人必承受地土,以丰盛的平安为乐。"有温柔的恩慈之人必然承受地土。这里"地土"是指属灵的地土,即指天国的永居之所。故"承受地土"意味着将来在天国得享极大的尊荣。

有恩慈的人,以父神温柔的情怀,给众灵魂带来恩典与激励。恩慈的境界越高,越能使更多的人栖息依偎其胸怀,将无数的人引入神的国度。因此，有恩慈的人，将来在天国得享极大的权柄，承受与其相称的宽大的住处。

"爱是不嫉妒……"（13章4节）

嫉妒的恶性若不克制，就会发展成大肆行恶的地步。心存嫉妒的人，看到别人得好处，或得人（神）喜爱，就心里不平衡，进而仇恨对方，甚至企图夺取别人的幸福。

别人得到赞赏，或蒙爱，自己却不能，有的人就灰心沮丧。他们自身可能不认为这是一种嫉妒的表现，但这样的灰心沮丧，寻根究底也是出于嫉妒，是出于希望自己得人的喜爱和称赞胜过他人的。这样的心态若不克制，就会呈现为恶言恶行。

嫉妒一般多呈现在异性之间的情爱关系上。就是那种贪求异性的关爱集于一身的欲望，导致嫉妒的情绪产生。除此之外，别人比自己富裕，博学，或有才能时，人们也容易产生嫉妒的情绪。

创世记第4章论到该隐和亚伯的献祭。该隐所献的是属肉的祭，亚伯所献的是血祭，即灵祭。于是神只悦纳亚伯的献祭，该隐对此心生嫉恨，发展到打死自己的弟弟。就是因这嫉妒的心，最终酿成了杀人的悲剧。

创世记30章1节记载道："拉结见自己不给雅各生子，就嫉妒她姐姐，对雅各说：'你给我孩子，不然我就死了。'"拉结口中宣泄嫉妒的恶言，令雅各心里愁烦，最终自食口中所结的果子，在便雅悯出生时死于难产。

我们断不可嫉妒别人，只要在基督里面常常喜乐，互相勉励，彼此相爱。为此要深刻醒悟属世的爱、财富、学问、名誉、权势等一切引起嫉妒的要因是何等虚空而无益。并要建立坚定的信心，确信自己属灵的身份，乃是蒙受救恩的天上的国民。

这样，在主里面，人与人之间的关系从邻舍变成弟兄姊妹，超乎血缘关系。因为相信大家都是服侍一位父，将来在天国里成为弟兄姊妹，和睦同居，直到永远。在这样坚定的信仰根基上建立真爱，就能够爱邻舍如己，看到别人得好处，就能一同欢喜，像自己得好处一样。

"爱是不自夸，不张狂，"（13章4节）

"自夸"是指显耀自己；自己夸奖自己。人只要觉得自己在某些方面比别人强，总是忍不住夸耀自己。因为人有喜爱受人夸奖和赞赏的心态。有的人对自己的富贵、有的人对自己的学识、地位、相貌感到自负，经常为此自夸。

这种自夸的心，离爱心相距甚远。靠自夸，是不能赢得别人诚挚的尊敬和爱戴的，反而遭致轻蔑、猜忌和嫉妒。

我们应当单单指着主夸口，正如哥林多前书1章31节所说。"指着主夸口"是指我们传我们怎样信神，怎样蒙神的爱，又怎样蒙神赐福和应允等等。

我们指着主夸口，可以荣耀神的名，造就弟兄姊妹，栽植信心与生命，从而能够积攒赏赐在天国，心里所求的速蒙应允。然而，我们指着主夸口，也要掌握分寸。有的人虽说是指着主夸口，貌似归荣耀与神，但其实是在显耀自己，自己夸自己。

世上可夸的，没有一样可以给人带来永恒的生命或满足，那些只是挑旺人们虚妄的贪婪，成为败坏灭亡的下坡路。我们若明白这一道理，充实天国的盼望，就能获得属天的力量，能够除去今生的骄傲。脱去了自夸的心，就可以单单热爱赐人永生与天国的主，并单单指着主夸口。

"张狂"是指看别人比自己差，藐视别人，持傲自大。张狂的人总以为自己在所有方面比别人优越，目中无人。他们从不尊重上面的人。他们心高气傲，唯我独尊，凡事对人藐视轻看，高高在上教训人。

他们甚至藐视曾经开导自己的人，或比自己地位高的人。不肯听取长辈的规劝或指点，反过来想要教训对方。跟这样的人对话，很容易引起辩论或争执。

这些都是属世的骄傲张狂。另外还有灵里的骄傲张狂。有这样一些人，信仰年限比较长，自以为神的道懂得多，达到一定的境界，总以为自己是对的。他们把神的话语当作对人指责、论断、定罪的砝码，尽管如此，仍自认为是在以真理的视角去分辨是非好歹。这种心高气傲，便是灵里骄傲张狂的表现。

神称这些骄傲张狂的人为愚妄的人。我们都是照着神的形像造的神的儿女，没有高低之分，人人平等。因此，我们不能藐视别人，自以为是，唯我独尊。

随着属灵的爱在我们心里渐渐成形，我们心里就越发谦卑，以基督耶稣的心为心。主在世的时候，自己卑微，存心顺服，以至于死在十字架上。祂曾给门徒们洗脚，做出谦卑服侍的榜样。我们应当效法主的心肠，不论贫苦低微的，还是学识浅薄的，都要谦卑相待，诚然看他们比自己强。

"不作害羞的事，不求自己的益处……"（13章5节）

从爱的观点上看，"害羞的事"是指对别人轻慢无礼的事。在我们周围常有这样一群人，以无礼的言行伤害别人，得罪别人，自己却还茫然无知。

首先探讨对神轻慢无礼的行为，关涉到礼拜、祷告、赞美、圣殿、圣物等。例如，礼拜迟到、打盹，或睡觉。不以心灵和诚实敬拜也是轻慢神的事。礼拜时心不在焉，与旁人搭话，这些都是轻慢无礼的事。除此之外，酒后出席礼拜，或穿着拖鞋，戴着帽子参加礼拜也是不相宜的。

在祷告会上无端迟到；祷告当中起来无聊溜达，或在杂念中说重复话，这些都是对神轻慢无礼的举动。祷告的时候，推晃别人止住祷告，或听到别人话音，就立刻停止祷告，这些也都是属于无礼的行为。

另外，在圣殿里动怒，争吵，或谈论生意、谈论世事也是不可取的。而且不能擅自操作或浪费神的圣物。

那么，对人冒失无礼的事都有那些呢？

一般冒失无礼的举动大多出自不考虑别人的立场，只顾自己的利益的心态。比如说，深更半夜给别人打电话，或者跟别人通话时不考虑别人事情忙不忙，只顾自己说个没完等，均属于失礼的行为。

迟到、违约，或冒然造访；主的仆人或工人，仗着自己是管理者，不尊重圣徒，爱发号施令，这也是应当纠正的。人们尤其是对自己亲近的人容易做出无礼的举动，我们应当留意这些方面。属灵的爱是在凡事上爱人如己，以礼待人，不做害羞的事。

属灵的爱是不求自己的益处，乃是先求别人的益处。有的人开会时力图说服别人同意他自己的观点，有的人虽然没有强烈固执自己的观点，但也不肯重视别人的意见。

反之，有的人尊重别人的意见，即使自己有好的见解，也尽量支持别人的意见。这样，有爱心的人，看别人比自己宝贵，尊重他人胜过尊重自己，从不求自己的益处。

耶稣废寝忘食地为那些如同没有牧人的羊、流离彷徨的百姓效力服事。就是祂那对灵魂满腔的怜爱，致使祂抛弃一切自己应有的享受。

我们身为神的儿女，不能贪恋世上所谓更新的、更好的、更美味的，而应当凡事以教会和灵魂、邻舍和家人的利益当先。

不过，不求自己的益处，并不是叫人不求日用的饮食，或不在祷告和忠心的事上发出热心。人人都有自己的利益需求，我们可以为自己谋求益处，但不能至于损人的地步。

我们唯独依靠圣灵，方能凡事不求自己的益处。我们若凡事顺从圣灵的带领，就可以无论做什么，都为荣耀神而行。脱去罪恶，成就真爱，就能随时随地领受属善的智慧，得以分辨神的旨意，行在神的旨意当中。这样，也可以赢得不信神的人或家人的认可和喜爱。

"不轻易发怒，不计算人的恶，"（13章5节）

有这样一些人，只要吃了别人一点亏，或事情稍微不顺，就很容易发怒。发怒是没有爱的表现，对人百害无益。发怒，不单指生气、骂人、打人的行为，也包括蹙额板脸、怒目横眉、出言刻薄等表现。这是心中的仇恨、不适等负面情绪溢于外表所致。但不能只看人的外貌就认为对方在生气，这是论断和定罪。因为有的时候貌似生气，但事实上并非如此。

若想远离发怒，必须要从心里除掉发怒的源头——恨人的情绪，靠强忍是无法从根本上解决问题的。当然，我们不能指望一夜之间就将恨人的情绪从心中除去净尽，取而代之将良善与仁爱填充于心。这需要日复一日坚持不懈的努力。

首先，当你遇到令人生气的状况时，要进行忍耐的操练。可以静下心来仔细思考生气对自己有何益处，并查验自己的心态，便不会做出后悔的事或羞愧的事。通过这种恒心的忍耐，令人恼怒的要因——情绪将被除去，便使自己无论遇到任何环境，也不会为之所动，心里时常平静安详。

箴言12章16节说："愚妄人的恼怒立时显露，通达人能忍辱藏羞。"箴言19章11节说："人有见识，就不轻易发怒，宽恕人的过失，便是自己的荣耀。"照此，我们不可轻易发怒，当除净心中的怒气，努力进入更美的天国，活出智慧的人生。

接着说"（爱是）不计算人的恶"，"恶"是善的相对，指一切不合理的事。人心中有恶，就会巴望别人遭殃。若是有爱，我们就不会计算人的恶了。

为人父母的，由于爱自己的儿女，希望儿女健康常驻，事事如意。人之所以对别人持有幸灾乐祸的心态，总爱挑剔并张扬别人的过错和短处，是因为没有爱的缘故。

论断、定罪、诽谤也是属于恶。信主的人当中也有这样一些人，不考虑别人的立场和处境，就照自己的标准，妄加论断和定罪。这也是没有爱的表现。

恶念还包括一切违背神旨意的心思意念。神就是爱。祂的命令（诫命）总归就是爱。约翰一书3章23节说："神的命令就是叫我们信他儿子耶稣基督的名，且照他所赐给我们的命令彼此相爱。"罗马书13章10节说："爱是不加害于人的，所以爱就完全了律法。"

换而言之，不爱人就是恶，是罪，即违背律法。若要醒悟自己是否在计算人的恶，那么就当查验自己心里有多少爱。因为随着爱神和爱灵魂的程度加深，恶念也会相对减少，以至完全消灭。

若要将恶离弃净尽，必须首先对恶事不去想，不去看，不去听。即使无意中看到或听到，也不要去回味，或存记。甚至将那些暂时闪现的念头也要彻底清除。

为了脱去罪恶，保守自己，我们应当将神的道与祈求作为我们灵魂的灵粮与生命，昼夜思想神的话语，消除恶念，培植善念。通过祷告，更加深入地思考和回味神的道，就可以发现隐藏在自己言语和行为背后的恶性。同时凭着圣灵的充满，火热地祷告，便能克制并脱去那些潜藏的恶性。

我们当铭记这些道理，要照着帖撒罗尼迦前书5章15节所说的"你们要谨慎，无论是谁都不可以恶报恶。或是彼此相待，或是待众人，常要追求良善。"时常竭力弃恶从善。

"不喜欢不义，只喜欢真理；凡事包容，凡事相信，凡事盼望，凡事忍耐。"（13章6节-7节）

"不喜欢不义"似乎跟"不计算人的恶"意义雷同，但有所区别。"不计算人的恶"是指心里不怀任何恶念；"不喜欢不义"是指对行为上呈现的某种不合理的事，既不喜欢认同，更不同流合污。

比如说，对生活富裕的朋友产生嫉妒，闪过巴望他破产的念头，便是计算人的恶。若是有一天朋友的公司破产，就沾沾自喜，心想："公司兴旺，你就得意忘形，今天终于落得个这般下场，活该！"那么，这就是喜欢不义了。若以不正当的手段聚敛不义之财，或通过欺诈和要挟的行径，夺取别人之物，这便是喜欢不义的人极端的表现了。

凡在主里面违法或加害于人的事，乃至违背神言的一切罪都是不义。不义是指心里的恶以具体的形态呈现的，在罪的类型上属于"情欲的事"。

哥林多前书6章9节-10节："你们岂不知不义的人不能承受神的国吗？不要自欺，无论是淫乱的、拜偶像的、奸淫的、作变童的、亲男色的、偷窃的、贪婪的、醉酒的、辱骂的、勒索的，都不能承受神的国。"这里表明：行情欲的事的人不能得救。故我们看到不义的事，不能喜欢，更不能同流合污，而当为之哀恸并祷告。

"喜欢真理"首先是指喜欢福音。福音是我们通过耶稣基督获得救恩，得进天国的好消息。我们因着听信福音，接待耶稣基督而领受了救恩。是因喜欢真理，亦即喜欢福音而获得了永生。我们因着主的宝血，罪得赦免，进天国，得永生，且明确了人生的目的，得以活出有价值的人生。

喜欢福音的人，总是有传福音的热心。众人听信福音，接受基督，蒙恩得救，神的国度得以复兴，乃是他们最大的喜乐。

喜欢真理之意也包括喜欢良善、仁爱、公义等真理。他们乐于听道，喜爱读经，殷勤行道。他们存着欢喜的心，遵从神的话，去服事、理解和宽容别人。我们理当这样喜欢真理，时常对真理如饥似渴，活出真正有价值的人生。

爱能凡事包容。我们应当心存属灵的爱，喜欢真理，凡事包容，凡事相信。唯独全信真理，方能认识神的爱，并能践行。

并要"凡事盼望，凡事忍耐"。这样才能成全属灵的爱。我们应当自省，是否进入这种爱的境界，并要发出加倍的热心去爱神，爱邻舍，好使自己能够常享神所赐的平安与祝福。

爱在天国里也是必要的

"爱是永不止息。先知讲道之能终必归于无有，说方言
之能终必停止，知识也终必归于无有。"(13章8节)

爱源自真理。《圣经》66卷书中包罗着一切的爱。我们若全守
真理，就能成全属灵的爱。因此说，主的爱完全了律法。

我们若全然活在真理里面，成就真理的心，便是以神的心为
心。就是圣洁的爱、完全的爱成形在我们心里。真理是永恒不变
的，故爱也是永不改变，永不止息的。

我们到了天国，就不再需要预言和方言了。天国里有统一的语
言，故不需要方言。唯独爱是永恒不变，永远常存的。

"我们现在所知道的有限，先知所讲的也有限，等那完全
的来到，这有限的必归于无有了。我作孩子的时候，话语
像孩子，心思像孩子，意念像孩子；既成了人，就把孩子

的事丢弃了。"（13章9节-11节）

我们即使认识神，也认识真理，并具有预言之能，但却不能参透父神的心意。至于将来的事，我们除了蒙神启示的部分，或在圣灵感动中所领受的内容以外，便是一无所知。因此我们所知道的，所预言的，自然是有限的。

第10节说："等那完全的来到，这有限的必归于无有了。"等我们进入天国，这些有限的自然就会归为无有。打个比方说：我们作孩子的时候，话语像孩子；作少年的时候，话语像少年；长大成人之后，便会说大人的言语。若是长大了仍旧说孩子的话，便只能被认为是弱智。

与此同理，我们在地上的日子里，凭着所赐的恩，说预言，说方言，领受知识。到了天国，这些都不过是小孩子的事。在那里，我们将完全懂得神的心意，便不再需要预言，或方言等。

"我们如今仿佛对着镜子观看，模糊不清（"模糊不清"原文作"如同猜谜"），到那时，就要面对面了。我如今所知道的有限，到那时就全知道，如同主知道我一样。"（13章12节）

我们即使明白许多真理，深入属灵的境界，也不能说：我信心大、我清楚了解天国，我了解神。因为百闻不如一见，到了天国就会知道自己所知是何等微不足道。

即使具有丰富的《圣经》知识，并且确知真理，体贴神的心，等到你进入天国，与神面对面时，就会醒悟到自己在地上所知道的"仿佛对着镜子观看，模糊不清"。这里之所以说镜子模糊不清，是因为当时的镜子是石版或铜版磨成的。其显影清晰度非比如今的镜子。

我们在这地上，即使具有先知讲道之能，并有各样的知识，能说万人的方言，若比起我们到天国之后所知道的，所拥有的，便是微乎其微，不值一提，故说"仿佛对着镜子观看，模糊不清"。因此，届时我们在这地上的知识、预言、方言都必归于无有，因为那完全的要来到。

我们即使在世知道得再多，也是有限的。但得见主的时候，我们就能完全了解主，就像主知道我们一样。

我们相信有天国，相信主的复活，也相信主必再来，接我们到祂那里去，并相信我们这活着信主的人，必将突然变成灵性的身体，被提到天上，与主相遇。我们即使完全相信这些事，但等到投入主怀抱的时候，情形就与我们想象的截然不同了。届时就会像主知道我们一样，我们也将参透一切的事。

"如今常存的有信，有望，有爱；这三样，其中最大的是爱。"（13章13节）

这里说"如今常存的有信，有望，有爱"，我们得救是因着信，因此首先要有信心。有了信心，才能产生天国的盼望；有了信心才能胜过试炼，所求的从神得着，对天国的盼望日渐加深，凡事感恩，常常喜乐。因有信心和盼望，所以能够恒切祷告，极力脱去罪恶与不义，并为使命尽忠。

就这样，人若具备属灵的信心与对天国的盼望，就不再与不义妥协，反而会殷勤用真理装备自己，以至模成神的形像，成就真爱。因此，我们在世的生命中，信、望、爱这三样是缺一不可的。

在天上是否也需要信心与盼望呢？

信心与盼望只是在这地上所必要的。信心是进天国的条件，故既已进入天国的人，就不再需要信心了。盼望也是在地所必要的，到了天国便不再需要了，因为盼望已经实现。

惟独爱是永不止息，永远常存。这爱将延伸到神的国度。在那里我们与父神和恩主，以及蒙救恩的众弟兄姊妹，永世得享爱与被爱的幸福。故说"如今常存的有信，有望，有爱；这三样，其中最大的是爱。"

在世的日子里，我们应当效法主的心肠，成为圣洁，追求和睦，尤其要切慕更大的恩赐，在属灵的爱中得以完全。

第十四章

关于预言和方言

有了爱才能领受属灵的恩赐

灵性的祷告——方言

方言与预言的差别

凡事都当造就人

妇女在教会里要闭口不言的灵意

凡事都要规规矩矩地按着次序行

有了爱才能领受属灵的恩赐

"你们要追求爱，也要切慕属灵的恩赐，其中更要羡慕的，是作先知讲道(原文作"是说预言"。下同)。那说方言的，原不是对人说，乃是对神说，因为没有人听出来。然而他在心灵里，却是讲说各样的奥秘。但作先知讲道的，是对人说，要造就、安慰、劝勉人。"(14章1节-3节)

我们信主的人不可迷恋这世界上的事，理当一心爱慕神的国和属灵的恩赐，并切慕成为属灵的人。为此我们需要属天的能力与恩赐，应当不住地向神恳求。

第1节里，神叫我们切慕属灵的恩赐，其中更要羡慕作先知讲道，亦即说预言(以原文为准。下同)。但第一要紧的就是追求属灵的爱。于是神在前一篇章中着力阐述爱的定义。

如果没有属灵的爱，我们求属灵的恩赐亦是枉然，因为没有爱的人，神是不会将恩赐赐给他的。如今那些声称自己行异能，或能说预言，却没有属灵爱的人，毫无疑问是假的。神岂能将属灵的恩赐赐给那些没有爱的人呢？焉有父母把锋利的刀剑提供孩子玩耍的，这刀剑非但容易伤到孩子，还会伤及别人。

于是在本章开头就说"你们要追求爱"。随着我们灵爱的程度加深，神会通过圣灵将属灵的恩赐相应地加给我们。在属灵的爱中建立自己的人，自然切慕成为属灵的人，并为此恒切祷告祈求。将属灵的爱存在心里的人，会为神的国和神的义，以及为众灵魂、为灵里进深迫切寻求属灵的恩赐。属灵的恩赐有多种，但神叫我们更要羡慕说预言。

方言是我们灵性的祷告，是惟独说给神听的。上篇讲解中提到：方言的内容只有神知道，就连说方言的人自己也不知道，除非领受了翻方言的恩赐。由于仇敌魔鬼、撒但也听不懂，故无法进行搅扰。

悟性的祷告和灵性的祷告是有分别的。假如我们顺着自己的意志祷告说："神啊，我浑身疲乏，求您赐我能力，使我战胜疲劳。"那么这是悟性的祷告，自己清楚知道所祷告的内容。然而，方言祷告则是我们里面的灵，祈求我们灵里所需的，所以我们凭悟性是不知道的。

接着讲述的内容中我们可以得知"要切慕属灵的恩赐，其中更要羡慕的，是说预言"这句话的缘由。爱是先求别人的益处。这预言正是对别人有益的，故劝我们更要羡慕说预言的恩赐。

"但说预言的，是对人说，要造就、安慰、劝勉人。"这里提到"安慰"二字，这表明：说预言会给人带来平安与慰藉，且将人引入平坦的道路。预言能够激励别人祷告，悔改，并使人爱心加增，更加亲近神。故称：说预言的，能够"造就、安慰、劝勉人"。

灵性的祷告——方言

"说方言的，是造就自己；作先知讲道的，乃是造就教会。我愿意你们都说方言，更愿意你们作先知讲道，因为说方言的，若不翻出来，使教会被造就，那作先知讲道的，就比他强了。"（14章4节-5节）

前面提到，神愿将方言的恩赐赐给一切信祂的儿女们，因为方言会使祷告的人灵魂兴盛。且说凡领受圣灵的，不拘何人都能领受方言的恩赐。

又提到，说预言的，能够造就教会。通过预言，可以给众人栽植信心，使圣徒灵魂兴盛，又能激励众人恒切祷告，彼此相爱，并为圣徒排忧解难。说预言的人必会照着次序，完美成就神的国和神的义，故称说预言的造就教会。

由此看来，方言是对个人有益，预言则是造就对方的灵魂。所以说："我愿意你们都说方言，更愿意你们说预言"。不过，若是因着说预言，使教会混乱，导致各种问题，这显然是撒但的工作，我们应当格外警惕。

说方言的人若要造就教会，就应当像说预言的人那样，一并领受翻方言的恩赐。若是领受翻方言的恩赐，翻出别人的方言，便能起到预言的功效，能以造就对方，劝勉并安慰众人。

若有翻方言的恩赐，就可以认清自己与神交通的深度、自己的祷告的属灵程度，以至能够加倍地努力遵行神的话语。

接着说："说方言的，若不翻出来，使教会被造就，那说预言的，就比他强了。"此话并不是说方言若不翻出来，就不如预言，便不必求方言的恩赐了。说预言的人怎能不领受方言的恩赐！领受了方言的恩赐，方能灵魂兴盛；灵魂兴盛，方能领受预言的恩赐。

教导人的要吹确定的号声

"弟兄们，我到你们那里去，若只说方言，不用启示、或知识、或预言、或教训，给你们讲解，我与你们有什么益处呢？就是那有声无气的物，或箫，或琴，若发出来的声音没有分别，怎能知道所吹、所弹的是什么呢？若吹无定的号声，谁能预备打仗呢？"（14章6节-8节）

假如使徒保罗在哥林多教会一味地说方言，便与他们毫无益处，因为众人不知所云。于是保罗在他们中间非但说方言，也用启示，或知识，给众人讲解。由于保罗除了说方言以外，还用启示、知识、预言，或教训等多种方式，给众人讲解，带给众人助益。

"箫"又名单管，是一种吹奏乐器。箫或琴若发出其特有的音色，会给人一种美的享受。同样，我们若将各种恩赐合理运用，就能给人带来神益。设若有人利用预言的恩赐，牟取财利，必然自取灭亡，他所说的预言，怎能对人有益！

在古代战场上，士兵用号角发出不同的号音，传递各种信息和命令，包括起床、冲锋、前进、撤退、紧急战备等等。如此关键的号角，发出来的声音若是没有分别，这场战争便是必败无疑。如果该冲锋的时候吹响撤退号；该撤退的时候吹响冲锋号，势必导致一场罕见混乱的惨败。

那么，此话所包含的灵意是什么呢？

传道人若在讲台上不能正确传讲神的道，就无法使群羊灵魂兴盛，更不能使他们根基立在磐石上。教会应当吹确定的号，使群羊预备齐全，赢得属灵的争战，然而有的教会却不是这样。

彼得前书5章8节说："……你们的仇敌魔鬼，如同吼叫的狮子，遍地游行，寻找可吞吃的人。"若要胜过这幽暗世界，胜过仇敌魔鬼，我们务要披戴全副军装，作神十字架的精兵。士兵必须要正确分辨号声，才能在战争中取胜，亦即圣徒唯独正确领会神的道并且谨守遵行，方能在灵的争战中获得胜利。

因此，讲道的人要正确地吹号，这是关键。非但主的仆人要如此，各领域的工人也要正确开导神的群羊。群羊若是灵里衰颓，疾病缠身，走向败坏，无疑是主仆或工人误导羊群、瞎子领瞎子所导致的结果。要知道头羊一句失言，很有可能绊倒圣徒们，因此讲道的人务要具备高度责任感，正确地传达神的旨意。

"你们也是如此，舌头若不说容易明白的话，怎能知道所说的是什么呢？这就是向空说话了。世上的声音或者甚多，却没有一样是无意思的。我若不明白那声音的意思，这说话的人必以我为化外之人，我也以他为化外之人。你们也是如此，既是切慕属灵的恩赐，就当求多得造就教会的恩赐。"（14章9节-12节）

例如：无论传道人讲多么属灵的道，若是圣徒们听闻而不解，吃喝而不消化吸收，便是徒劳无益的。这就如唱歌给耳聋的人听，跳舞给眼瞎的人看；又如把大学课程讲给小学生听。所讲的道，若是不能让圣徒理解，便是等于对空讲话，与人无所教益。同样，方言若也是令人不知所云，便是对别人没有益处。

"既是切慕属灵的恩赐，就当求多得造就教会的恩赐。"这里"属灵的恩赐"是指神因着慈爱所赐的一切属灵的恩惠，也包括各种职事。

我们应当靠着神的恩，渴求一切属灵的事，好使我们凭着各样丰富的恩赐，完成主所托付的一切使命，这是神所喜悦的。即使领受的使命繁多，也不要觉得负担太重，只要寻求更多的恩赐，以期得以胜任有余。但要切记，神将追求爱，作为领受属灵恩赐的前提（哥林多前书14章1节）。

用方言祷告，为何悟性没有果效？

"所以那说方言的，就当求着能翻出来。我若用方言祷告，是我的灵祷告，但我的悟性没有果效。"（14章13节-14节）

不要误解"那说方言的，就当求着能翻出来"这句话，以为说方言的，任谁都可以求翻方言的恩赐。跟前面所讲的一样，求翻方言的人，必须先求属灵的爱。要知道，圣灵唯独感动那些具备属灵爱的人去求翻方言的恩赐。别的恩赐也相仿。对那些属灵的爱成形在心里的人，圣灵会激励他去求翻方言的恩赐。

第14节说："我若用方言祷告，是我的灵祷告，但我的悟性没有果效。"如今有些人由于误解这段经文，引发一些负面问题。

我们为了进入属灵的境界，必须要恒切祷告。我们唯独靠着祷告，才得以离弃肉体的事，渐渐变成属灵的人。然而，方言是祷告中不可或缺的一部分。因为方言的恩赐对我们的祷告有帮助，它会加添我们灵力，推动我们入灵的进程。

当然，并不是说不会说方言就不能进入属灵的境界，但比较吃力。因此，我们应当努力领受方言的恩赐。

领受圣灵的人，可以靠着圣灵的帮助领悟真理，并以真理为粮，逐渐成为属灵的人。我们里头的灵参透万事，包括我们的弱点、将来的事、来世的光景，乃至神的的旨意，祂都了如指掌。虽然我们的悟性所知有限，但我们的灵则无所不知，便使用方言向神祈求，防备将来要面临的试探、患难等一切的事。

我们不能因领受了圣灵，灵性变得活泼，就自以为深明神的心意。我们在真理里面造就自己的程度有多深，听圣灵的声音，获圣灵帮助的层面就有多广。故我们对神的认识也是有限的。

例如：小孩子对父母的了解是很单纯的，除了知道父母生了自己以外一无所知。但青年人对父亲的情况则是了解颇深，包括父亲的身世、籍贯、年纪、品性、文化程度等等。

与此同理，我们越深入属灵的境界，就越了解父神的心意。然而，这些不是我们里头的灵自己明白的，乃是随着真理渐渐成形在我们心里，并在圣灵的帮助和所赐的悟性中，逐渐明白的。

比如说，在学校里学到数学公式。我们应用公式解题，起初是在老师的帮助下完成的。在我们懂得公式运用的基础上，老师才能给予帮助，否则无论怎样说明，我们还是不能理解的。

用方言祷告，我们的悟性为何没有果效？

用方言祷告的时候，灵不会为我们自己的心愿祈求。当我们用悟性祷告的时候，我们会具体地为衣食住行或疾病的问题、工作上的问题等现实生活的需求祷告。然而，我们里面的灵是不会求这些的，因此我们的悟性就没有果效。

如果我们为购置新房、病得医治，或者免遭丈夫逼迫等心愿，向神祷告说："求神医治我的疾病、赐我物质上的祝福，使我能够购置新房……"等等这些都是悟性的祷告。

但我们的灵是不会顺着悟性为购房，或医病做祷告。肚子饿的时候，灵不会祈求说："神啊，我需要面包，求你赐给我！"

我们若一味地用方言祷告，就无从知道我们里头的灵有没有求日用的饮食。因为自己也不知道，所以我们的心愿就没有果效。

不过，用方言做的祷告，即灵性的祷告，会使我们灵魂兴盛。没有面包并不要紧，灵魂兴盛才是第一要紧的，因为只有灵魂兴盛，才能凡事兴盛，身体健壮。只要通过灵性的祷告，灵魂得以兴盛，我们衣食住行等肉体上的问题自然就被化解了。

方言祷告在哪些方面对我们有助益？

在这里暂且综合探讨方言对我们产生的裨益。

第一，帮助我们的祷告，引我们入属灵的境界。

第二，帮补我们肉体上的欠缺。

靠着圣灵的帮助做方言祷告，被圣灵充满，我们的身体就会越发变成灵性的身体，可以克服肉体的疲乏。圣灵不充满的时候，会感到身体疲乏，力不从心，但凭着圣灵的充满作神的工，身体会像鸿毛一般轻松，一点也不吃力。若是只顾眼前利益，对世界恋恋不舍，常有犯罪的冲动，这就是人肉体的属性。我们借助方言祷告，就可以破除这一切肉体的属性。

第三，使我们灵眼开启，灵力充沛，肉身洁净。

若不开启灵眼，我们只能在黑暗中摸索，且会时常犯罪，肉身沾染污秽。然而，通过方言祷告，成为属灵的人，灵眼开启，远离罪恶，我们的肉身便也随之洁净了。

第四，使我们预知将来要遭遇的事。

当我们竭力活出神的道，恒切火热地祷告，获得充沛的灵力，就能预知将来的事。例如：我们前往某种地方，途中感觉不安，便折返回来，事后才得知，正因着那时的返回，才得以幸免前面的险情。

还有这样的例子：等到一班公交车来了，却不知何故不想坐，便乘坐下一班车，半路上发现前一班车出了车祸。人的悟性未曾预知这些，但人里头的灵却是早有预见，便使人免遭这场事故。当我们被圣灵充满的时候，不会遭遇任何事故，凡事顺利、亨通，因为我们里头的灵在我们身上作主。

第五，使我们更加深入地与神交通。

我们越属灵，越能与神进行深层的交通。这就如人在幼儿时期只管被动地领受爸爸妈妈的呵护和关爱，成了人才会懂得体贴父母的心意，主动讨父母的喜悦。通过方言，我们可以与神交通，全然遵神的旨意行。

第六，充实我们对来世的盼望与信心。

假如有两个人同一天加入教会。一个人领受了方言的恩赐，常用方言祷告，另一个人则没有这种属灵的体验，只是过着平淡的信仰生活。

一年过后进行比较，两个人将会呈现完全不同的信仰光景，虽是同样敬拜神，做祷告，但那领受方言的圣徒，必然心里充满对天国的盼望，信心的水准也比对方高出几倍。因为，用方言祷告，可以使人圣灵充满，常蒙圣灵的帮助，得到上述的诸多益处。

"这却怎么样呢? 我要用灵祷告, 也要用悟性祷告; 我要用灵歌唱, 也要用悟性歌唱。"(14章15节)

我们若是单用方言祷告，悟性就没有果效，心中所求所愿自然不得成全；若是单用悟性祷告，灵魂就不得兴盛，所求的自然也不得应允。那么，应该怎么样呢? 使徒保罗给我们一个明确的答案。

就是既要用悟性祷告，也要用灵祷告。一味地用悟性祷告，难以坚持很长时间。祷告不熟练的人，祷告片刻，便词穷语尽了，就可以用灵祷告。就是专心致志地用方言祷告，消除杂念。接着可以重新用悟性祷告，祷告内容说尽了，再继续用方言祷告，以确保圣灵的充满。就是要把悟性的祷告和灵性的祷告互换交替配搭起来。

用灵歌唱和用悟性歌唱

接着说"我要用灵歌唱，也要用悟性歌唱。"用灵歌唱和用悟性歌唱是有区别的。这里歌唱是指赞美神，是指以感恩的心，赞美神奇妙的旨意，以及祂的荣美与大能。

方言祷告进入高潮，被圣灵充满和感动时，就会流露出带有旋律的方言赞美。"神啊，赞美你的永能，我灵欢喜、感恩！"那种美妙的滋味，唯独经历过的人才能知道。

我在读神学的时候，经常在当时所服事的教会里通宵祷告。祷告非常投入，被圣灵感动的时候，往往出现用灵歌唱的现象，此时身体也会跟着舞动起来。双手不由自主地被举起，跳起舞来。从这种用灵歌唱的阶段进入更深的境界，就会在圣灵的感动中跳起律动，更深入就会说出带有能力的方言。

达到这种境界的人若是遇见了强盗，便会说出带有能力的方言。撒但听了，就会战兢而退，强盗的手顿时僵直，或者其心幡然回转，不受其害。这样，属灵的境界是无止尽的。

使徒保罗多用方言祷告

"不然，你用灵祝谢，那在座不通方言的人，既然不明白你的话，怎能在你感谢的时候说'阿们'呢？你感谢的固然是好，无奈不能造就别人。我感谢神，我说方言比你们众人还多，但在教会中，宁可用悟性说五句教导人的话，强如说万句方言。"（14章16节-19节）

灵性的祷告利于自己，能使自己的灵魂兴盛，但并非一点不带为对方祷告的内容。然而，我们用灵祷告，若不翻出来，对方就会听而不解，故不能造就别人，对人没有益处。我们若用灵为别人祷告祝福，对方自然听不明白，非但不说"阿们"，也不会感恩。

但不要由此认为方言无足轻重。方言虽对悟性没有果效，但利于我们里头的灵，故应当多说方言。

使徒保罗为自己说的方言比众人还多心里感到踏实。如今，有的人误解这哥林多前书14章的神言，误导众人说：方言对人毫无益处，不必说方言。使徒保罗因恐怕会有人这样误解此话，引起一些混乱，便说："我感谢神，我说方言比你们众人还多"，以勉励众人多多做方言祷告。

但要知道保罗说的"我说方言比你们众人还多"这句话，不仅表示方言祷告的量多，也意味着他的方言祷告，其深度、宽度和高度远超哥林多教会的圣徒们。保罗的方言祷告，无论在量上，还是在质上，都是足足有余的，于是由衷地向神谢恩。

但保罗又怕有人误解此话，以为他侧重方言祷告，以防众人只做方言祷告，而忽略悟性的祷告，便又加上一句："但在教会中，宁可用悟性说五句教导人的话，强如说万句方言。"

假如讲道人不用日常言语，而只用方言讲道，除非有人翻译，否则圣徒们将不解其意，于是对圣徒们便毫无帮助。但也并非说方言是无足轻重的，而只是说因别人听不明白，所以不能造就别人。但方言祷告，利于我们灵命的增长，是非常必要而有益的。因此，我们非但要多做悟性的祷告，也要多做方言祷告。

方言与预言的差别

"弟兄们，在心志上不要作小孩子。然而在恶事上要作婴孩，在心志上总要作大人。"（14章20节）

三岁孩子的心志和二十岁青年的心志有怎样的区别呢？

三岁孩子或小学生是无法理解灵意深邃的道。因此说：在心志上不要作小孩子，总要作大人。然而，在恶事上倒要作婴孩。

婴孩在成长过程中渐渐沾染罪恶。论恶的程度，五岁的孩子较比两岁婴孩要深；二十岁青年比十岁少年更深。人都是这样，随着年龄的增长，将更多的恶栽植在心里。因此，我们应当"在恶事上作婴孩"。当然，所谓婴孩的纯洁是相对而言的，其实他们心里也有恶。这是与生俱来的，是从父母传承的，叫做原罪。但婴孩毕竟很单纯，父母不让做什么，他们就立刻顺服。

我们也要在恶事上作婴孩，一心一意顺从神的话语。并将我们在成长过程中所栽植的非真理以及心中的恶逐一除掉，殷勤作成成圣的功夫。

当我们听了真理之道，愿意弃恶从善的时候，我们肢体中犯罪的律和圣灵的律彼此相争，我们从而觉得苦，感到吃力。但有一样诀窍可以使我们不用争战也能轻松地克服罪恶，就是决然顺从神的话，断然除净所发现的恶。正因为没有遵照这样做，所以总是有争战。

例如：人之所以不能戒酒，是因为对酒恋恋不舍——怕戒了酒会失去世上的朋友，不利于人际交往和工作事业发展。

然而，只要下定决心追求真理，讨神的喜悦，必蒙圣灵的帮助，轻松地将酒戒掉。凡事重在志坚力行。这在其它罪的问题上也是如此。

箴言9章10节说："敬畏耶和华，是智慧的开端。"那么，为何这么说呢？我们若是敬畏一个人，就会信从他的话。敬畏神的人也是如此，凡神所吩咐的，都会信而顺从。我们若敬畏神，遵守祂的诫命，就能脱去罪恶，栽植真理，终究得以成圣。

正如雅各书3章17节所说："惟独从上头来的智慧，先是清洁……"打造一颗清洁的心，是领受智慧的首要条件。也就是说，人必须圣洁，方能领受属天的智慧，故说"敬畏耶和华，是智慧的开端。"神就是吩咐我们在心志上，亦即在属天的智慧上不要作小孩子，要作大人，在恶事上则要作婴孩。

为何说方言是为不信的人作证据呢?

"律法上记着:'主说,我要用外邦人的舌头和外邦人的嘴唇向这百姓说话,虽然如此,他们还是不听从我。'这样看来,说方言不是为信的人作证据,乃是为不信的人;作先知讲道不是为不信的人作证据,乃是为信的人。"(14章21节-22节)

这里"他们"指的是不肯听神言的心地顽梗的百姓(以赛亚书28章10节-12节)。心高气傲,不听神言的,如今这个时代也大有人在。方言就是给这些人作证据的。

这里"不信的人"是指主内的不信的人。他们虽然出席教会,但心里疑惑迷乱,信心的根基不牢固。他们虽然领受了圣灵,但信心没有长进,总是心怀二意,摇摆不定,信心只停留在知识层面上,没有心里相信的真信心。方言就是为这些人作证据的。

这样的人若领受方言的恩赐,殷勤用方言祷告,就可以使灵命日渐增长,信心日益坚固。因此说方言是为不信的人作证据。

还提到:作先知讲道,亦即预言不是为不信的人作证据,乃是为信的人。这是为什么呢?随着信心的增长,我们自然会更加爱慕说预言。领受了预言的恩赐,就能深入属灵的境界,灵里更加充沛。预言使人醒悟通晓未知之事,有信心的人就会将此铭刻在心并且顺从,以致进入更高的信仰境界。然而,预言是利于信的人,是为他们作证据的。

"所以全教会聚在一处的时候，若都说方言，偶然有不通
方言的，或是不信的人进来，岂不说你们癫狂了吗？"（14
章23节）

圣徒们聚在一处的时候，如果都说方言，那些灵里无知，不通
方言的人，或是不信的人进来，自然觉得这个教会离奇古怪。

因此，我们在信仰生活中需要节制，免得自招逼迫，被人误
解。对那些初信的人，我们也要向他们好好解释，省得基督的福音
被阻隔。

那么，预言有那些方面的益处呢？

"若都作先知讲道，偶然有不信的，或是不通方言的人
进来，就被众人劝醒，被众人审明，他心里的隐情显露
出来，就必将脸伏地，敬拜神，说：'神真是在你们中间
了。'"（14章24节-25节）

然而，预言不仅是为信的人作证据的，对那些不信的人也有
益处。这就是预言的特点。

当预言的人针对各人说出精确得当的勉励或劝戒时，听的人

会感慨地说"神真是在你们中间了。"心地善良的人，会被预言所劝醒，会因对方能够参透己心感到吃惊，不得不承认这是神的作为，并且认罪悔改，接受耶稣基督为主。

若要了解预言，须在信者和不信者两个层面上进行查考。并非所有的人都通过预言承认神，并悔过自新。当司提反执事指出人的罪时，那些恶人愤然起身，乱石击杀了司提反（使徒行传7章）。由此可知，听到了预言，善人会悔改，恶人则会排斥和诽谤。

总之，顺着神的恩赐说预言有利弊两面——能使善人承认神，使圣徒信心长进，但会导致恶人的逼迫和攻击。

凡事都当造就人

"弟兄们，这却怎么样呢？你们聚会的时候，各人或有诗歌，或有教训，或有启示，或有方言，或有翻出来的话，凡事都当造就人，"（14章26节）

教会有各种聚会，如区域礼拜、祷告聚会等。众人在主里面相聚一处，唱诗赞美神，听道享灵粮。另外还有启示、方言和祷告。

这都是神的旨意，也是神的命令。我们聚会的时候，诗歌、教训、启示、方言、翻方言，这些都要齐全。不能只有诗歌或赞美一两样。而且凡事都当造就人。神赐这话是要叫我们顺着次序，有效运用神所赐的各样恩赐，免得出现混乱。

有关方言等内容暂告一个段落，现在开始要探讨有关"启示"的内容。

什么叫启示？

如今很多人对神的道懵懂无知，一说哪位牧师领受启示，就异口同声地说：那个教会走偏了。千万不能到那个教会去，当心被迷惑了。

启示的词义（韩语词典）是：神指示人明白靠人的智慧所无法知晓的神秘的事；神通过人的灵感开示人所不知道的真理。

凡接待耶稣基督的人，都领受所赐的圣灵。圣灵将奥秘的事指示给信的人，这就是启示。罗马书8章14节说："因为凡被神的灵引导的，都是神的儿子。"信的人自然与神灵里相交，被圣灵所感。

加拉太书1章11节-12节里，使徒保罗说："弟兄们，我告诉你们，我素来所传的福音，不是出于人的意思。因为我不是从人领受的，也不是人教导我的，乃是从耶稣基督启示来的。"他说自己所传的福音不出于人的意思，意即不是从人领受的，也不是从谁学到的，而完全是出于耶稣基督的启示。

耶稣说："一切所有的，都是我父交付我的。除了父，没有人知道子；除了子和子所愿意指示的，没有人知道父。"（马太福音11章27节）耶稣是神子，祂清楚地了解父神，故说：除了耶稣和耶稣所愿意指示的，没有人知道父。

"耶稣基督的启示，就是神赐给他，叫他将必要快成的事指示他的众仆人。他就差遣使者晓谕他的仆人约翰。约翰便将神的道和耶稣基督的见证，凡自己所看见的都证明出来。念这书上预言的和那些听见又遵守其中所记载的，都是有福的，因为日期近了。"（启示录1章1节-3节）

万物是藉着耶稣基督所造的，启示也是耶稣基督所赐的。因此，主是万王之王，万主之主。

预言到约翰为止的意义

有人说"按《圣经》讲，启示到约翰为止了，这个时代怎能还有启示？"这是误解《圣经》的话所致。马太福音11章13节记载说："因为众先知和律法说预言，到约翰为止。"这里说"预言"到约翰为止，并没说"启示"到约翰为止。

一般而言，预言是指宣告将来的事。但马太福音11章所说的预言并非包含这种意义。

《圣经》旧约所记载的内容关乎我们的救主耶稣的降世。神的选民以色列百姓一直以来翘首企盼救主的出现。众先知和施洗的约翰所传讲的也都是关乎"救主，即耶稣要来拯救众人"的信息。

希伯来书10章1节记载说："律法既是将来美事的影儿，不是本物的真像，……"，若说旧约是影儿，那么新约的耶稣基督是实体。约翰福音5章39节说："你们查考圣经（或作"应当查考圣经"），因你们以为内中有永生，给我作见证的就是这经。"

因此，有关将来要来之救主的预言，到预备主道的施洗约翰为止。要明确这种意义，不要误以为如今这个时代已不再有主的启示。

以弗所书3章3节记载道："用启示使我知道福音的奥秘，正如我以前略略写过的。"从中可以得知，唯独通过启示，方能知道福音的奥秘，或将来的事。阿摩司书3章7节说："主耶和华若不将奥秘指示他的仆人众先知，就一无所行。"意思是：神必把将来的事指示祂所爱的仆人、所爱的儿女。

耶稣基督无论是2000年前，还是如今这个时代，一直到永远，是一样的（希伯来书13章8节）。况且，新约是恩典的时代，满有赦罪的恩典，我们可以靠着圣灵的作工，对神有更清楚的了解，并与祂进行深交。当我们与神交通，蒙神启示的时候，才能正确地传讲神的慈爱和旨意。

"若有说方言的，只好两个人，至多三个人，且要轮流着说，也要一个人翻出来。若没有人翻，就当在会中闭口，只对自己和神说就是了。"（14章27节-28节）

意思是：说方言时，两个人，或三个人出来，轮流着说，叫一个人翻出来。"若没有人翻，就当在会中闭口，只对自己和神说就是了"，意思是：要是当场没有人翻方言，就不要对着众人说，只对自己和神说就是了。并不是没有人翻，就不要说方言的意思。"就当在会中闭口"的意思是：方言要顺着次序说，不能任意随处说。也不是在教会里不能说方言的意思。

我们默祷时，若有人放声用方言祷告，就会受到干扰。在礼拜的时间，独自说方言也是不合宜的。主持人宣告为建堂祷告，大家应当同心合意地为建堂祷告，此时若有人独自用方言祷告，便是不相宜的。

但在祷告聚会上，大伙同声做个人的祷告时，我们可以尽情地用方言祷告。就这样，说方言一定要分时间，分场合。

说预言的次序

"至于作先知讲道的，只好两个人，或是三个人，其余的就当慎思明辨。若旁边坐着的得了启示，那先说话的就当闭口不言。因为你们都可以一个一个地作先知讲道，叫众人学道理，叫众人得劝勉。"（14章29节-31节）

若是说预言的人多，到处有人说预言，势必引起混乱。预言的人多，就应当一个说完下一个接着说，轮次进行。

在此过程中，其余的人应当用神的道慎思明辨，恐怕有人顺着撒但的运行，说偏离真理的预言。

如果旁边有人得了启示，那先说预言的理当默然静听他的话。因为圣灵的九种果子中有忍耐和节制的果子，况且圣灵只有一位。因此，说预言的不能执意一个人说下去，否则就乱了次序，应该叫人一个一个地说，若有预言针对各人的，可以针对每个人传递，叫众人学道理，得劝勉。

> "先知的灵原是顺服先知的，因为神不是叫人混乱，乃是叫人安静。"（14章32节-33节）

如果神的预言临到别人，那先说预言的应当立刻停止。领受恩赐的人，都应当这样顺着次序和平共处，彼此同心，便能使初信的人或其余的人得到造就，学会按次序而行。然而，领受恩赐的人若是轻忽次序，处事没有分寸，非但不能造就众人，反而会造成纷乱。我们应当在仁爱、美德与和平的根基上成就神的国和神的义。

妇女在教会里要闭口不言的灵意

"妇女在会中要闭口不言，像在圣徒的众教会一样，因为不准她们说话。她们总要顺服，正如律法所说的。"（14章34节）

由于在字义层面上解释这段经文，有的教会不准妇女在会中发言，甚至不准妇女在教会中担任任何职份。那么，这句话所包含的灵意是什么呢？

要想明白这句话的实意，须要先探究女人之根本。创世记3章16节里，神对女人说："我必多多加增你怀胎的苦楚，你生产儿女必多受苦楚。你必恋慕你丈夫，你丈夫必管辖你。"

起初造女人时，神并没有说女人要受男人的管辖。但自从女人犯罪并受咒诅后，神就说了这话。因为女人受了蛇的引诱，摘吃了善恶树果，又给自己的丈夫吃，使他一同陷在罪中。

当然，男人也是个罪人，他虽是被动，但毕竟是吃了禁果，但女人非但自己先吃了，还给男人吃，于是女人的罪就更重了。因为女人从根本上有这般属性，所以大致而言，她们生性胆怯、懦弱，心性也没有男人刚直。因此，神以妇女作比方，解释属灵的道理。

"妇女"非指圣徒，乃指活在非真理中的人

"妇女在会中要闭口不言"是指着心存诡诈、鲁莽等非真理属性的人说的。这里"妇女"并非专指女性，或归神为圣的圣徒，乃指初入教会，尚未进入真理里面的人。

这话的属灵意义是：就像女人受蛇的引诱，蛊惑丈夫犯罪一样，非真理的人会对教会带来负面影响，因此叫他们闭口不言。神吩咐他们要顺从神的话，早日成为神所认可的儿女和神家的工人。

这样的人若不安静，便会招致撒但的亵渎。未能活在真理里面的人若在教会里多言多语，就会给教会带来诸多害处。他们口出违背真理的话、诽谤的话，并且加油添醋往来传舌。他们遇事斤斤计较，动辄误解，猜忌、论断，轻率鲁莽，背道逆理。若是这样，教会便将片刻不得安宁。

这样的人要竭力顺从真理，不要一意孤行，如此才能进入真理里面，心意更新而变化，成为神所认可的工人、名副其实的圣徒。

追求神道的圣徒，便会在教会里遵循次序，安静顺服。正如"听命胜于献祭"（撒母耳记上15章22节）这句话，他们不以自己

的意念和想法当先，一心一意顺从神的话语，遵循教会的次序。因此34节说"像在圣徒的众教会一样"。

不能误解"妇女在会中要闭口不言"这句话，并不是叫那些活在真理里面的女圣徒闭口不言。如果女人心志刚强壮胆，诚然爱神并且大有信心，胜似男人，她必蒙神的拣选，作神重用的器皿。旧约时代，神立女子底波拉为统领百姓的士师，还设立女先知，向百姓传达祂自己的旨意。如今也是如此，妇女若有超群的信心，完全可以作群羊的带头人。

"她们若要学什么，可以在家里问自己的丈夫，因为妇女在会中说话原是可耻的。"(14章35节)

活出真理的圣徒聚在一起，自然会同心祷告、唱诗，并在真理里面互相交通，彼此劝勉，分享恩言。但不行真理的人在一起，总是议论别人，顺着私欲彼此谈论。

这样的人若是三个一伙，五个一群往来传舌，教会岂不给撒但留地步，导致纷争四起，试探不绝吗？主就是出于这种忧虑，教导众人说："妇女在会中要闭口不言"。

那么，"她们若要学什么，可以在家里问自己的丈夫"是什么意思呢？这是神在真理里面所设立的次序。照着神所立的次序，男人是女人的头，基督是男人的头，神是基督的头（哥林多前书11章3节）。因此"女人要问自己的丈夫"之意是叫她们问自己的主基督，以此类推，顺服丈夫就是顺服主的意思。

　　总而言之，此话是叫那些不明白属灵事的人单单顺从教会的元首耶稣基督。唯独这样，才能使教会次序井然，弟兄姊妹同心合意，成就神的国和神的义。

凡事都要规规矩矩地按着次序行

"神的道理岂是从你们出来吗？岂是单临到你们吗？若有人以为自己是先知，或是属灵的，就该知道我所写给你们的是主的命令。若有不知道的，就由他不知道吧！"

（14章36节-38节）

那么，这里为何这样讲呢？

那些在真理里面尚未站稳的人，总爱彰显自己，却不以为耻。

此话之意是：凡要彰显自己的都是可耻的。圣徒追求真理是理所应当的，他们以顺从、服事、爱人为乐，绝不肯彰显自己。人若这样爱德兼备，常以服事为乐，必得众人的喜爱。反之，爱显耀自己，喜欢受人服事的人，反而越来越不得人心。

在这里，使徒保罗表示：尚未全然活出真理却自以为是，妄自尊大的哥林多教会的信徒们，应当认识到自己的羞惭。

第37节说："若有人以为自己是先知，或是属灵的，就该知道我所写给你们的是主的命令。"

如果哥林多教会信徒们真是先知或属灵的人，定会晓得使徒保罗信中所传递的训诲无一不是神的话，并且照着真理，诚然顺从并服事保罗。再者，他们若知道这是主的命令，并且谨守遵行，保罗就不必对他们讲这些话了。保罗的意思是：你们自称先知，其实不是先知；自称属灵的，其实也不是属灵的。因为，属灵的人必会知道保罗信上的训诲都是主的命令。

"若有不知道的，就由他不知道吧！"这是什么意思呢？

不遵行神话语的人是灵里无知的人。只有恒心祷告，力除罪恶，活出神道的人，才能打开灵眼，进入属灵的境界，认识属灵的世界。一个人纵然信了很久，殷勤参加礼拜，但若不祷告，也不践行神的道，他仍旧是一个无知的人。人若不认识属灵的事，岂能有正确的分辨！由于这样，他们认为保罗的书信不过是平常的一封书信，信上讲的不过是常人的话而已。

> "所以我弟兄们，你们要切慕作先知讲道，也不要禁止说方言。凡事都要规规矩矩地按着次序行。"(14章39节-40节)

这里非但没有禁止预言，反而劝人要切慕预言。这是神的话。可如今有些人一听有人说预言，就妄加论断，说："那个教会是偏离正道的。"当然，教会中确实存在假冒的预言，但真实的预言也是存在的，故不能一味地判定是错误的。也不能一味地反对说方言，禁止说方言，这是抗拒真理，是撒但的工作。

这里"凡事都要规规矩矩地按着次序行"的意思是：凡事都要做得准确无误，井然有序，合宜得当。神吩咐说预言的人也要遵循次序。神是设立次序的神，也是和平、慈爱、公义、真理的神。故我们无论做什么，都要力求精准、井然、合宜、得当。

第十五章

复活

复活的基督

我今日成了何等人，是蒙神的恩才成的

若是没有复活的事

复活初熟的果子——基督

为死人受洗之意

人在天上荣耀各有分别

关于死人复活

号筒末次吹响时都将忽然改变

复活的基督

"弟兄们，我如今把先前所传给你们的福音，告诉你们知道。这福音你们也领受了，又靠着站立得住；并且你们若不是徒然相信，能以持守我所传给你们的，就必因这福音得救。"（15章1节-2节）

这种情形与当今教会雷同。各教会由主任牧师在讲台上殷勤传讲福音，用真理之道教训群羊。群羊吃着这些灵粮，灵命渐渐增长。

例如：有人传神的旨意，叫我们"不可恨人，要爱仇敌"，我们若是将此铭刻在心，竭力克制恨人的情绪，便是"领受了这福音"，进而除净了恨人的心，不再恨人，便是"靠着福音站得稳了"。

使徒保罗表示：你们若将神的道铭刻在心，并且谨守遵行，你们的信就不是徒然的。反过来讲，若不遵行，那信心便是死的，就是徒然相信。

　　领受了神的道，若能坚守，就必得救，若不持守，便与神毫不相干，终究失去救恩。有这样一些人，口称信神，然而只有外在行为，徒有教名。如今却有很多人误导信众，说：只要口里承认"主啊，我信！"就可以得救。这样的教训，《圣经》上一个也没有。《圣经》反而强调：唯独遵行神旨意的人，才能得救进天国（马太福音7章21节）。

> "我当日所领受又传给你们的，第一，就是基督照圣经所说，为我们的罪死了，而且埋葬了，又照圣经所说，第三天复活了，"（15章3节-4节）

　　使徒保罗表示自己传给众人的信息，是主亲自启示给他的。《圣经》多处记载"救主（弥赛亚）将要显现，为我们的罪而舍命"的记录。

　　"他诚然担当我们的忧患，背负我们的痛苦；我们却以为他受责罚，被神击打苦待了。哪知他为我们的过犯受害，为我们的罪孽压伤。因他受的刑罚，我们得平安；因他受的鞭伤，我们得医治。我们都如羊走迷，各人偏行己路，耶和华使我们众人的罪孽都归在他身上。"（以赛亚书53章4节-6节）

　　这是针对耶稣担当我们一切罪孽的预言。接着第11节说："……有许多人因认识我的义仆得称为义，并且他要担当他们的罪孽。"因着信,我们可以脱去罪人的身份,得称为义,赢得神儿女的尊称。凭着信,活出真道,我们就越发成为真正意义上的义人。

《圣经》新旧约中多处出现有关"耶稣受死,第三天从死里的复活"的记录。诗篇16篇10节说:"因为你必不将我的灵魂撇在阴间,也不叫你的圣者见朽坏。"这表示耶稣的灵魂虽然降在阴间,但最终要复活得胜。

马太福音12章40节里,耶稣说:"约拿三日三夜在大鱼肚腹中,人子也要这样三日三夜在地里头。"从灵意上讲,这里"地里头"指的是阴间。正如所言,耶稣星期五被钉于十字架殒命,降在阴间,第三天,即星期日的凌晨,从死里复活。

"并且显给矶法看,然后显给十二使徒看,后来一时显给五百多弟兄看,其中一大半到如今还在,却也有已经睡了的。以后显给雅各看,再显给众使徒看,末了,也显给我看。我如同未到产期而生的人一般。"(15章5节-8节)

"矶法"指的是耶稣的首徒彼得。《圣经》记载说:复活的主多次向十二使徒显现,后来又显给五百多弟兄看。主死而复活,穿上不朽坏的灵体,这是许多人有目共睹的,他们都是证人。

在使徒保罗给哥林多教会写信的时候,那些目击者一大半还在,也有已经过世的。"已经睡了的"是指已故的基督徒。主降临空中的时候,他们都要复活,故不称他们"死了",乃称"睡了"。

"以后显给雅各看"，这里雅各不是耶稣十二门徒之一的那个雅各。"再显给众使徒看"，这里众使徒是指除了十二使徒和保罗以外的其他使徒。

与现在的情形不同，初代教会时代使徒很多。前面提到，属灵意义上的"使徒"是指在真理里面成为完全，全然顺从神的旨意，至死忠心完成使命的人。神将大能赐予使徒，用奇事和神迹随着他们，证实所传的福音。

七、八个月就出生的早产儿，无论体重，还是身体机能都不完善，比起满了产期而生的婴儿差距很大。使徒保罗降卑自己，自称"如同未到产期而生的人一般"。遇见神之前，原名扫罗的保罗，自以为虔诚信神，殊不知处在信仰的误区。他是一个以爱神为至上，恪守旧约律法的律法主义者，但由于没有正确领悟真理，未曾有过遇见主的经历，他逼迫残害基督徒，以为是正义的举动。保罗称自己为"如同未到产期而生的人一般"，就是谦卑地形容自己过去的欠缺和无知。

我今日成了何等人，是蒙神的恩才成的

"我原是使徒中最小的，不配称为使徒，因为我从前逼迫神的教会。"（15章9节）

使徒保罗其实是使徒中最大的。他彰显死人复活的神迹，甚至人们从他的身上拿手巾或围裙，放在病人身上，病就退了，黑暗也退去了（使徒行传19章12节）。然而，保罗称自己为"原是使徒中最小的"，这是何故呢？

保罗在作使徒之前，将信耶稣的人捉拿归案，并且竭力残害逼迫基督徒。回想往事，甚是惭愧，于是他说自己原是使徒中最小的。

他并没有说"我不是使徒"，而说是"使徒中最小的"，表示他已改过自新，并表示自己的罪责、愧疚、谦卑等心境。

"然而我今日成了何等人，是蒙神的恩才成的；并且他所赐我的恩不是徒然的。我比众使徒格外劳苦，这原不是我，乃是神的恩与我同在。不拘是我，是众使徒，我们如此传，你们也如此信了。"（15章10节-11节）

我们作神的工，完全是靠着神所赐的恩；热切祷告、禁食、传道，也都是唯靠所赐的恩典与力量。当我们凡事不靠自己的力量，单单信靠仰赖神时，神必将恩典与能力赐给我们。

在离弃罪的事上也是如此。如果我们靠自己的力量能够离弃罪，耶稣就不必为我们的罪流血舍命。然而，靠我们自身的力量，连很小的一个罪性也无法离弃。我们必须热切地祷告，竭力离弃罪恶，才能得到神的恩典与能力以及圣灵的帮助，直至能够倒空一切的罪，主的宝血也洗净我们全罪。

保罗所受的劳苦比彼得或其他使徒都多。他历经三次传道旅行，所到之处尽心竭力传扬福音，开拓建立许多教会。他为主的名受百般的逼迫和凌辱，甚至被称为"拿撒勒教党里的一个头目"。他屡次冒死，多受鞭打，多下监牢，但他对主的热爱和传福音的热心却从未止息过。

但他仍然说这一切都是蒙神的恩才成的。凡具有真信心的人，都当效法保罗，无论自己做了多少祷告，领多少人归主，为主怎样效忠，都当归功于神的恩典。

《圣经》箴言3章6节说："在你一切所行的事上，都要认定祂，祂必指引你的路。"拯救灵魂的事，不是靠人的力量，也不是靠学识、名声，或权利所能成就的。唯独出于信心的祷告和本着爱心的努力，才能取悦天上的神，使祂赐我们相应的恩典，叫我们满结拯救灵魂的硕果，积攒奖赏于天国。

　　使徒保罗和其他使徒们，以及神的众仆人，他们都曾如此为福音的传播付出了热心、艰辛和努力，使许多人相信十字架的道理，以及主的复活与再来的约言。

若是没有复活的事

"既传基督是从死里复活了，怎么在你们中间有人说没
有死人复活的事呢？"（15章12节）

至此，使徒保罗讲述了有关信仰生活的准则，以及属灵的次
序、恩赐等各方面的内容。我们若想胜任主所托付的使命，必须要
有信心和对复活的盼望。因此，保罗在第15章里论及信心与复活，
以作结语。

当时有一些人声称"主没有复活。怎能有复活的事？"耶稣时
代的法利赛人相信人有灵魂，撒都该人则不相信，他们认为人一
旦断气，一切都将终结，归为空无。

如今不信的人也认为这地上的生命是全部。尽管如此，他们
因无法从内心里否认神与来世的审判，所以犯罪的时候会产生恐
惧感。然而，屡次犯罪的人，他们的心地会越发刚硬，以至连恐惧
感也荡然无存。这样的人是很难领受福音、接待耶稣基督的。

"若没有死人复活的事，基督也就没有复活了。若基督没有复活，我们所传的便是枉然，你们所信的也是枉然，且明显我们是为神妄作见证的，因我们见证神是叫基督复活了。若死人真不复活，神也就没有叫基督复活了。"（15章13节-15节）

主降世为人，是为了代赎我们的罪，使我们与祂复活的荣耀有份，得享永生的福气。若主没有复活，我们也就没有复活的事。《圣经》清楚地见证主复活的事实，历史也为复活提供不容置疑的佐证。

我们清楚了解耶稣的门徒们是何等人。当耶稣在十字架上受难的前夕被捕之时，门徒们都惧怕而逃避。比谁都胆壮的首徒彼得，也出于恐惧三次不认耶稣。

然而，自从亲眼目睹主的复活之后，耶稣的门徒们发生了巨大的变化。他们不畏被捕斩首、受十字架酷刑、下油锅烧身等残忍的迫害，放胆传扬耶稣基督的福音。他们之所以有了如此的巨变，是因亲眼目睹主复活之荣耀的缘故。他们亲眼看见死而复活的主向他们显现，且也看见主耶稣手上的钉痕与肋旁的枪痕。他们所传的福音征服了罗马帝国，继而传至全世界，直至延伸到如今这个时代。

假如耶稣没有复活，那么，我们便都是愚昧至极的人，我们所传的也是枉然，我们显然都是妄作见证的。但主的复活是不容置疑的事实，故我们既不是愚昧人，我们所信的也绝非枉然。

若死人真不复活，神也没有理由叫耶稣基督复活。神之所以叫基督复活，是要叫众人因信耶稣基督，得以与主一同复活，进入神荣美的国度。

"因为死人若不复活，基督也就没有复活了。基督若没有复活，你们的信便是徒然，你们仍在罪里。就是在基督里睡了的人也灭亡了。我们若靠基督只在今生有指望，就算比众人更可怜。"（15章16节-19节）

殷勤传道，热心事奉，辛勤工作，奉献十一，感恩乐捐，这是真基督徒的本色。他们不与世俗为友，竭力成圣，虔诚度日。他们每逢主日到教会敬拜神，不留恋世俗虚空吃喝游玩。主若没有复活，他们岂不比众人更愚拙吗？

若没有复活的事，我们就算罪得赦免，又有何益处呢？但主复活是一个千真万确的事实，故我们不是愚拙的人。反而那些不信的，就是视这地上的生命为全部的才是真正愚拙之人。于是，神称这世界的智慧为愚拙的（哥林多前书3章19节）。靠世上的智慧、知识、学问、观念和想法是无法相信耶稣的复活，因此神叫我们将一切观念和心意一概攻破了。我们若只在今生有指望，便是比众人更为可怜。因此，在那些不信的人眼里，信的人既可怜又愚蠢。

然而，这不过是他们出于自己的知识和观念的错误论断。当人为这地上转瞬即逝的人生画上句号的时候，都要面对永恒的世界。

复活初熟的果子——基督

"但基督已经从死里复活，成为睡了之人初熟的果子。死既是因一人而来，死人复活也是因一人而来。"（15章20节-21节）

自人类的始祖亚当犯罪堕落以后，亚当及其所有后裔都堪称"死人"。因为肉身虽然活着，但终必腐朽，注定要终结在那永远的地狱里。因此，他们貌似活着，但在神看来是死的，因为他们的灵性已沦丧。

然而那些生前相信复活的主耶稣基督的人，在世界的末了，都要从死里复活。因此称他们为"睡了的人"。耶稣基督就是这些睡了之人初熟的果子。

这里说"死既是因一人而来"。首先的人亚当因着悖逆神，罪就进入他的里面，便受了咒诅，被逐出伊甸园。"罪的工价乃是死"（罗马书6章23节）。亚当的后裔传承了祖先的原罪，并在生活中犯许多罪。身负原罪和自犯罪的罪人，是注定要落入地狱的。

必须有人代赎我们的罪，我们方能在复活的荣耀上有份，因为"罪的工价乃是死"。从灵意上说，这跟以色列的"土地赎回法"有着密切的关联（利未记25章23节-28节）。这里"土地"象征着用土所造的人（创世记3章19节；3章23节）。按着律法规定，卖地的人，或他至近的亲属，只要支付相应的赎价，就可以把所卖的土地从买主手里赎回。与此同理，走灭亡之路的我们，只要有人肯替我们赎罪，就能获得拯救。

神通过符合土地赎回法的耶稣基督，给我们敞开了一扇拯救的大门。赎回土地的第一个条件是：必须是至近的亲属（利未记25章25节），同样，我们的罪也必须要由我们"至近的亲属"，亦即人来代赎。于是本为道的耶稣，成了肉身，降世为人（约翰福音1章14节）。

负债累累的人无法替人还债，照样，有罪的人亦无法为罪人赎罪。故赎罪的第二个条件是：没有罪。亚当的后裔都是罪人，都是带着原罪出生于世。然而，唯独耶稣没有原罪和自犯罪，因祂被圣灵感孕，由童贞女所生，而且在成长过程中谨守律法，从未犯过任何罪。祂还具有丰盛的慈爱，甘心代替我们的罪和死亡，被钉于十字架，流血舍命，叫一切信祂的人，罪得赦免，获得救恩。

按照灵界的法则"罪的工价乃是死"（罗马书6章23节），不拘何人，若是没有罪过，就不能置他于死地。然而，仇敌魔鬼、撒但却把这无罪恶、无瑕疵、无玷污的耶稣钉死在十字架上。仇敌魔鬼、撒但严重违反了灵界的法则，它必须为此付出相应的代价——将接待耶稣基督的人交出来，重新归还于神。神救赎人类的计划和旨意，就这样大功告成。

"在亚当里众人都死了，照样，在基督里众人也都要复活。但各人是按着自己的次序复活，初熟的果子是基督，以后在他来的时候，是那些属基督的。"（15章22节-23节）

因着亚当的悖逆，众人都死了。但因着耶稣基督的义举，众人都要复活得生。基督耶稣是复活初熟的果子。在祂以前，没有一人像祂那样复活并永远活着。两个孩童曾通过以利亚和以利沙死而复活（列王纪上17章22节；列王纪下4章35节），但他们终究仍要再次经历死亡。他们没有像主那样复活并永远活着。以诺和以利亚虽不至于见死，就活活被提到天上（创世记5章24节；列王纪下2章11节），但这不属于复活。

第23节说："以后在他来的时候，是那些属基督的。"这里"属基督的人"是指生前信主，死后灵魂归天家的人。就是主在空中降临的时候要带来的众灵魂。

那些生前信主，死后受葬之人的灵魂，在主从空中降临的时候，要与主一同降临。届时，葬在坟墓里的身体，刹那间要变成不朽坏的身体，被提到空中，与自己的灵魂相结合。

"再后，末期到了，那时基督既将一切执政的、掌权的、有能的都毁灭了，就把国交与父神。因为基督必要作王，等神把一切仇敌都放在他的脚下。尽末了所毁灭的仇敌就是死。"（15章24节-26节）

那些生前信主，死而葬在坟墓里的人，他们要先复活，以后活着信主的人，必不至于见死，活活被提上升。

这里"执政的"是指掌管政事的人；"掌权的"是指一切具有权柄的人，包括家长、兄长，乃至公司或国家的各级领导干部等。

"有能的"是指有才能的人；具有人生智慧的人。主"把国交与父神"的时候，就是为耕作人类的工程画上句号的时候，届时无论执政的、掌权的，还是有能的，尽都要毁灭，因为在神的国度里，这些都是毫无用处的。

第25节说："因为基督必要作王，等神把一切仇敌都放在他的脚下。"等主降临到地上时，信的人都将与主一同作王一千年。之前神还未把一切仇敌都放在他的脚下。

等到千年工国结束，经过白色人宝座审判，最终落入地狱，这就是所谓的"死"。

那么，"尽末了所毁灭的仇敌"——"死"是指什么呢？

仇敌魔鬼、撒但给人类栽植了不义、不法和罪恶。就是将这些非真理统称为"死"。白色大宝座审判结束后，这"死"也将归为乌有。因此说"尽末了所毁灭的仇敌就是死。"

"因为经上说：'神叫万物都服在他的脚下。'既说万物都服了他，明显那叫万物服他的，不在其内了。万物既服了他，那时，子也要自己服那叫万物服他的，叫神在万物之上，为万物之主。"（15章27节-28节）

《圣经》上说，天地万物是藉着耶稣基督造的。父将一切权柄都交给了子，故耶稣基督是万有的主。因此，主不在受造的万物之内了。意思是：耶稣基督与我们不同，祂具有永不衰残的灵性的身体，故不在其内了。

叫万物都服在耶稣基督脚下的就是神。白色大宝座审判结束，仇敌魔鬼彻底败坏，一切都更新的时候，耶稣基督自己也要服在神面前。这样，便成全了服从的事。

这里要讲述的重点是次序。第一是创造主——神，其次是神子耶稣基督，再次是蒙恩得救的神的儿女们，然后是服侍我们的天军天使。

耶稣基督本有神的形像，然而祂反倒虚己，取了奴仆的形像，降世为人，至死顺从，成就父神的计划和旨意。耶稣与神原为一，祂本就是神，祂与神，一切都是合一的，包括心思、意念、能力、力量、权柄等等，但这里侧重表示的是父与子之间的次序。

耶稣遵循父与子的次序服从父，保持和谐关系。凡事不可没有次序。宇宙万象，山野草木，都在次序和定律中运转、生息，灵界的法则也在井然的次序中彰显其功效。

为死人受洗之意

"不然，那些为死人受洗的，将来怎样呢？若死人总不复活，因何为他们受洗呢？若死人总不复活，因何为他们受洗呢？"（15章29节）

有些人误解这段经文，认为活人为死人受洗，死人就可以蒙神拯救，并且这样误导众人。但事情并非如此。不信主的人死了，我们即使为他祷告，甚至为他受洗、奉献礼物也都是无济于事的。

人蒙恩得救的机会只在他活着的时候。在世没有接待主，没有领受救恩的人，即使死后别人为他受洗，也是徒然的。

路加福音16章19节-31节记载讨饭的拉撒路和财主的故事。讨饭的拉撒路因具有信心，死后被天使带去放在亚伯拉罕的怀里。然而，财主在世与世俗为友，放纵情欲，最终按自己所行的落入地狱的阴间，承受极大的痛苦，甚至求一点水凉凉舌头，也是得不着。财主素来爱自己的弟兄们，于是恳求亚伯拉罕打发拉撒路去，给自己五个弟兄作见证，拯救他们，免得他们落入地狱，永世受苦。

然而，耶稣说：就算摩西和先知将各样神大能的见证给他们看，不信的人仍旧不信。甚至一个死人复活，见证天国和地狱，他们照样不会相信。

倘若这个财主进入阴间也有办法得救，他一定会求亚伯拉罕叫别人为他祷告、受洗，使他能够得救，摆脱这痛苦的阴间。但他因清楚知道自己永远不得救的事实，便请求派拉撒路到自己弟兄们那里作见证，使他们能够免受地狱之苦。然而，已经死了的人是永远没有办法得救的。

那么，这里"死人"指的是谁呢？

是指亚当堕落之后一切因罪而死的人，"罪的工价乃是死"。其中包括得救之前的我和诸位，以及尚未接待耶稣基督的所有非信徒。人本是以灵、魂、肉所构成的。但因作主的灵死了，所以虽然肉体的生命尚存，但也称之为"死人"。灵死的人是属魂的人、属肉体的人，他们注定要终结在地狱里。

然而，第22节所说："在亚当里众人都死了，照样，在基督里众人也都要复活。"表明死人可以因信耶稣基督而复活。我们曾经都是死的，但后来因信耶稣基督而得活。

接着论到"受洗"，洗礼分为水洗和火洗两类。从灵意上讲，水代表神的话语。水洗，意味着用神的道洗净我们的心。水洗是表示我们认罪悔改，罪得赦免，蒙恩得救，是象征性的仪式。我们不仅要领受水洗，也要领受圣灵，死灵重生，并且每天领受圣灵的火洗，焚烧罪性，作成心里的割礼。

当我们这样作成心里的割礼，离弃罪恶，在真理里面更新变化，效法耶稣基督的性情，就会发出基督的馨香之气。经常生气恼怒的人若是变得温柔，就可以领家人归主，出席教会。他们来到教会聆听神的道，心意得以更新，便能领受所赐的圣灵，以致死灵得活，进入永生之路。

因此，"为死人受洗"第一是指自己通过圣灵与火，受心里的割礼，得以在复活上有份。第二是指圣徒作成心里的割礼，做光做盐，就能造就那些不信的人，使其得救归主。

使徒保罗说他有信心吃肉，但自己吃肉若叫弟兄跌倒，他就永远不吃肉（哥林多前书8章13节），这也是发出基督馨香之气，等于为别人受洗。我们在凡事上竭力做榜样，也是为了不信的丈夫或弟兄，以及神的国和神的义。

也是为此殷勤离弃罪恶，更新心意，成就割礼。信的人应当一切为死人亦即不信的人而活。我们诚然服事别人，作成心里的割礼，日渐更新而变化，即接受洗礼，就可以使家人和邻舍闻到基督的馨香之气，领受福音，归主名下。

第29节说"若死人总不复活，因何为他们受洗呢？"意思是：若没有复活，我们凭什么要受洗，倒不如随心所欲，吃喝玩乐算了，何必为他们承受割礼，更新自己。

总之，"为他们受洗"既意味着为自己受洗，也意味着为所有灵死的人受洗。就是意味着圣徒自洁成圣，活出神真理的话语，发出基督馨香之气，就可以领众人归主得救。

"我们又因何时刻冒险呢？弟兄们，我在我主基督耶稣里指着你们所夸的口极力地说，我是天天冒死。我若当日像寻常人在以弗所同野兽战斗，那于我有什么益处呢？若死人不复活，我们就吃吃喝喝吧！因为明天要死了。"（15章30节-32节）

我们给不信的人传福音的时候，偶而也会遭遇试探和患难。信奉异教的人，听到福音，往往很是厌烦。再者使徒保罗做圣工的时代，存在更多的威胁和逼迫。

接下来的31节里，保罗说"我是天天冒死"，其灵意是指保罗把自己摆在死地，治死老我，作成心里的割礼。亦即治死自己的自尊心、主张、仇恨、论断、恼怒、骄傲、贪婪等一切非真理。心里的罪恶脱去得越多，就越属灵、属真理，越接近模成主的形像。

使徒保罗所夸的就是这样把自己摆在死地，攻克己身，治死老我。哥林多前书13章里说人不可自夸，然而我们可以指着主夸口，为的是要荣耀主的名。正如哥林多前书10章31节所说："所以，你们或吃或喝，无论作什么，都要为荣耀神而行。"使徒保罗从不为世界上的事夸口，只为自己能够活出神的道，治死与真理相悖的老我极力地夸口。

第32节说："我若当日像寻常人在以弗所同野兽战斗，那于我有什么益处呢？"意思是：我若像"寻常人"，亦即凡夫俗子那样一不顺心就生气发怒，与人争斗，于己有何益处！这里"野兽"是指猛兽或邪恶的人。跟他们相斗，是毫无益处的。

唯独对我们有益的，就是与里面的罪性相争，以至离弃净尽，使自己灵性复活。

接着说"若死人不复活，我们就吃吃喝喝吧！因为明天要死了。"世人就是这样，他们只在今生有指望，认为人死了一了百了，从而只顾吃喝享乐，纵情作孽。对他们说世界上有天国和地狱，不信神的人要下地狱，他们就说"死了才知道有没有。"但人死了，便为时已晚，后悔莫及。

"你们不要自欺；滥交是败坏善行。你们要醒悟为善，不要犯罪，因为有人不认识神。我说这话是要叫你们羞愧。"（15章33节-34节）

有这样一些信主的人，不追求真理，享受罪中之乐，尽丧神儿女的本分。他们持有适当主义信仰，随意强解《圣经》，总是妄图为自己的谬误讨个"合理"的说法。

他们宣称：喝一两杯酒无所谓，《圣经》只是说不可醉酒，适当地喝不算罪。然而，酒是喝一杯醉一杯，喝两杯醉两杯，喝多少醉多少。

神叫我们不要上这等人的当，也不要自己欺哄自己。若是任他们所为，他们还会沾染别人。不要与恶人相交，他们是败坏善行，拦阻别人行义的。"仇敌魔鬼，如同吼叫的狮子，遍地游行，寻找可吞吃的人"，故我们务要谨慎自守，醒悟为善，远离罪恶（彼得前书5章8节）。

不认识神的人在无知当中犯了罪，他若悔改归主，罪必蒙赦免。初入信仰之门，无力胜过罪恶的人，只要恒切祷告，努力脱去罪恶，必蒙神的怜恤。

不过，那些得知真道，并有能力活出真理的圣徒，断不可依旧犯罪作恶。人类败坏堕落，以至于死，就是因着罪；耶稣在十字架上舍命，也是因着我们的罪。

然而，有些人针对那些具有信心的人教导说：犯罪不要紧，只要悔改，必蒙赦免。这是误导。《圣经》教导我们不可犯罪；惟独在光明中行，罪才得赦免；作恶的人不能承受神的国。我们不能错误地解释神的恩典，免得自取灭亡。

人在天上荣耀各有分别

"或有人问：'死人怎样复活，带着什么身体来呢？'无知的人哪，你所种的若不死就不能生。并且你所种的不是那将来的形体，不过是子粒，即如麦子，或是别样的谷。但神随自己的意思给他一个形体，并叫各等子粒各有自己的形体。"（15章35节-38节）

不认识神的人、出席教会却疑惑不信的人、与世俗为友犯罪作恶的人，他们会问"死人怎样复活？"无论怎样解释，这些人仍旧疑而不信，于是保罗再次为他们进行详解。

他说疑惑的人是无知的人。诗篇53篇1节说："愚顽人心里说，没有神。他们都是邪恶，行了可憎恶的罪孽，没有一个人行善。"若有人觉得主的复活不可信，就会说"死人怎么可能复活？"他就是愚顽的人了。为了开他们的心窍，使徒保罗以种子的子粒为比方，耐心地给他们讲解。

种子落在地里形体必须腐烂死了，胚芽才能发芽生根，开花结果，若是不死不腐，仍旧是一粒，则不会发芽。保罗的意思是：你们既然懂得这个道理，却为何不信死人复活的事！

播撒子粒在田间，子粒在地里头渐渐腐烂的同时孕育出自己特有的形体。种什么收什么，这是神的定律。故种了豆，就长出豆的形体；种了麦粒，就长出麦子的形体。每样种子都会长出它自己特有的形体。

"凡肉体各有不同：人是一样，兽又是一样，鸟又是一样，鱼又是一样。"（15章39节）

"体"是指某种事物的形像。凭着形体就可以分辨老鹰、狮子或人等。肉体是照着特定的体样，使肉长合起来所成的，故人体、兽体、鸟体、鱼体各有分别。

使徒保罗之所以打这一比方，是为了引申到有关我们在天上的灵体和生活情形的奥秘。例如：在天国里，各人的头型、服饰都有分别。男人头发的长度到颈根；女人头发的长度，最长可到脊椎根部。正如经上所说"女人有长头发，乃是她的荣耀"，在天上，女人头发越长，表明赏赐越大。

而且，在天上人们要穿细麻衣。按各人圣洁属灵的程度，衣裳的亮度呈现差异。天国的住处之所以有分类，是因为人圣洁的程度各有分别。

日月星辰荣光各有分别

"有天上的形体，也有地上的形体。但天上形体的荣光是一样，地上形体的荣光又是一样。日有日的荣光，月有月的荣光，星有星的荣光。这星和那星的荣光也有分别。"（15章40节-41节）

使徒保罗以属肉的事物作比方，解释与复活相关的属灵的事，又引申论及其他的形体。

不信的人显然是属地的，然而信的人当中也有"糠秕"和"麦子"之别。"麦子"是遵照神的话语，行在公义中的人。他们心存对天国的盼望，并且具有天上国民的身份。他们就是天国的子民，故他们的形体是属天的。

然而，那些不明白属灵的事，放纵肉体的私欲，犯罪作恶，在黑暗中行的人，显然是属地的人。这就是天上的形体和地上之形体的区别。属天的人必得享天国的荣耀，属地的人则必至于死亡，永受地狱的刑罚。不过，属天的人将来所要得享的荣耀也是各有不同。

按着各人信心的大小，在天上所得为业的住处也有分别。住处分为四个层次。最低端的地方是乐园，是为那些刚刚接待主，勉强得救的信心小的人所预备的。

其上是第一层天国，是为那些信心略微增长，努力遵守神的道，但还不能全然守住的人所预备的。接着是第二层天国，是为信心比较坚固，能够持守神道的人所预备的地方。再往上还有除净罪恶，以爱主为至上的人所进入的第三层天国，以及凡事得神喜悦的人进入的至高圣城——新耶路撒冷。

"日的荣光"是指因除净一切罪恶，全然成圣，得以进入第三层天国或新耶路撒冷的人所要得享的荣耀。"月的荣光"是指进入第二层天国之人的荣耀。"星的荣光"则是指进入第一层天国之人的荣耀。进乐园的人没有赏赐，因为他们未曾为主做过什么。故称不上什么荣耀（参照《天国》上、下）。

日头、月亮和星星，它们各自的亮度呈现很大的差异。各星的亮度也有区别。夜空中繁星密布，每个星体，其体积和亮度不尽相同。照样，我们将来在天上的赏赐和荣耀也有分别。

保罗借以使人醒悟这样一个道理：就像人类、鱼类、鸟类、兽类的形体各有分别一样，各人圣洁属灵的程度，决定他在天国之灵体的光度及尊荣。

不相信复活的人，只在今生有指望，既不肯离弃罪恶，更不肯追求天国那日头一样发光的荣耀。于是保罗极力给众人栽植复活的盼望，用种子的比喻，引申到"形体各有分别，灵体的荣光也各有分别"的真理。

关于死人复活

"死人复活也是这样：所种的是必朽坏的，复活的是不朽坏的，"（15章42节）

灵魂是永不消灭的。故称信主而死的人为"睡了的人"。但这里为何称为"死人复活"呢？

即使是信的人，一旦灵魂脱身，肉体必然死亡。这里"死人"便是针对这肉体而言的。人死了，肉身葬在坟墓里，经久必然腐朽，归于一把尘土，然而，在主从空中降临的时候，这已朽坏的肉身将要复活，变成永不朽坏的灵性的身体，被提升上，故称"死人复活"。

那么，"所种的是必朽坏的，复活的是不朽坏的"含义是什么呢？

我们的意念有善念和邪念两种。肉体的意念是属灵意念的相对，属于邪念。罗马书8章6节-7节说："体贴肉体的就是死，体贴圣灵的乃是生命平安。原来体贴肉体的，就是与神为仇，因为不服神的律法，也是不能服。"

体贴肉体的就是死，亦即肉体的意念就是死，故属于必朽坏的。随从肉体之意念的人，常受仇敌魔鬼、撒但的操控，总爱对人论断、定罪。因此，神说"体贴肉体的就是死"，并吩咐我们将所有的心意夺回，使其都顺服基督（哥林多后书10章5节）。

肉体的意念除去的越多，越能产生属灵的意念、真理的意念，以至成为属灵的人。消除了肉体的意念，心中的仇恨、论断、定罪等恶便不再呈现，最终彻底被除净。越是离弃非真理，越深入属灵的境界，正如所说的"所种的是必朽坏的，复活的是不朽坏的"。

"所种的是羞辱的，复活的是荣耀的；所种的是软弱的，复活的是强壮的；所种的是血气的身体，复活的是灵性的身体。若有血气的身体，也必有灵性的身体。"（15章43节-44节）

在世的日子里，我们只要除净一切错谬的、羞辱的，神必用真理更新我们，荣耀我们。越是治死老我，离弃罪恶，我们的灵魂就越发兴盛，以至领受凡事兴盛，身体健壮的祝福。

还说"所种的是软弱的，复活的是强壮的"，这里"软弱的"是指卑微的心，亦即不以自己当先的心、服事的心、谦卑的心。耶稣说："你们若不回转，变成小孩子的样式，断不得进天国。"（马太福音18章3节）凡属真理的人，都像小孩子一样心里卑微单纯。

可以说所种的是肉体的软弱，复活的是灵里的刚强。有人打自己的右脸，连左脸也转过来由他打的人是肉体上软弱的人。"弟兄，只要能消除你的怒气，我宁愿把左脸也转过来由你打。"若是持有这种心境，我们岂能有不睦和纷争！

种下肉体的软弱，收获灵里的刚强，仇敌魔鬼、撒但就会恐惧退后。这样的人必蒙神的厚爱与信任，他的道路必然亨通，所做的事必然顺利，以至荣耀神的名，发出基督馨香之气。

世上万物都有相对性。有善必有恶；"有血气的身体，也必有灵性的身体"。借此表明这地上的生命并非全部。

我们若脱去属这世界的非真理，就可以在永恒的国度天国得享尊荣，超乎我们所思所想。当我们抛弃邪情私欲，活出神的旨意时，神就将天国属灵的福气赐给我们，正如"所种的是血气的身体，复活的是灵性的身体。"

"经上也是这样记着说，'首先的人亚当成了有灵的活人（"灵"或作"血气"）'，末后的亚当成了叫人活的灵。但属灵的不在先，属血气的在先，以后才有属灵的。头一个人是出于地，乃属土；第二个人是出于天。"（15章45节-47节）

神用尘土造了首先的人亚当，又将生气吹在他的鼻孔里，他就成为有灵的活人。后来因着犯罪，这人类的始祖亚当的灵死了。然而，末后的亚当，即耶稣基督成就了赎罪的事，成了叫人活的灵。

第46节里"头一个人"是指首先的人亚当。用土所捏成的亚当，并非完全属灵，因他具有"肉"性，最终入了撒但的迷惑而犯了罪，走向灭亡之路。就是重归于"肉"，沦落成注定腐朽的存在。

然而，耶稣是出于天，因圣灵感孕而生，故是属灵的。头一个人是出于地，乃属土；第二个人，即耶稣则是出于天。正如约翰福音1章14节所说"道成了肉身，住在我们中间"，为了赎出我们脱离罪和死亡，耶稣取了人的形像，降到人世间。

> "那属土的怎样，凡属土的也就怎样；属天的怎样，凡属天的也就怎样。我们既有属土的形状，将来也必有属天的形状。"（15章48节-49节）

"属土的"是指违背真理的人。我们若与那些违背真理的人同流合污，便照样是属土之人。

认识耶稣基督之前，我们都是属土的，活在罪孽之中。自从接待耶稣基督，领受圣灵之后，我们的心思意念皆焕然一新，成为父神的儿女、属天的人。有信心的人必然活出耶稣基督真理的话语，将来必有属天的形状。

如同撒种，我们所种是必朽坏的、羞辱的、软弱的、血气的身体，那么，复活的就是不朽坏的、荣耀的、强壮的，以及灵性的身体，以致成为属天的人。靠着圣灵的帮助，殷勤脱去非真理，我们就能逐渐变成属灵的人，成为属天的人。

号筒末次吹响时都将忽然改变

"弟兄们，我告诉你们说，血肉之体不能承受神的国，必朽坏的不能承受不朽坏的。"（15章50节）

大多数人一旦被人伤及，或心生怒气，顿时面红耳赤。有人将这种情绪激动，怒火中烧的情形形容为"血液倒流"。"血肉之体"的"血"代表着血气和愤恨；"肉"又是指一切违背真理的事。这样的"血肉之体"是不能承受神国的。说到这里或许有人想：我仍有血气和肉体尚未离弃，信耶稣基督岂不是枉然吗？但这里所指不是那种意思。

一个人即使尚未完全，只要凭着信心竭力改变自己，就可以承受神的国。正如经上所说"日有日的荣光，月有月的荣光"，按着弃罪成圣的程度，各人在天国所得为业的住处各有分别。

第42节说"所种的是必朽坏的，复活的是不朽坏的"，可这段经文却说"必朽坏的不能承受不朽坏的"。这两者有什么区别呢？

我们若仍旧心存必朽坏的，亦留恋罪恶、不义和非真理等不离弃，不能承受神的国是理所当然的。第42节所表明的意义是：唯独所种必然朽坏，丧掉自己的生命，才能收获属灵的；第50节所表示的意义是：若不离弃心中必朽坏的非真理，必不能承受神的国。

"我如今把一件奥秘的事告诉你们，我们不是都要睡觉，乃是都要改变，就在一霎时，眨眼之间，号筒末次吹响的时候；因号筒要响，死人要复活，成为不朽坏的，我们也要改变。"（15章51节-52节）

这里"奥秘的事"是指蒙启示的信息。马利亚的哥哥拉撒路死了，耶稣说："我们的朋友拉撒路睡了，我去叫醒他。"因为拉撒路是信耶稣的，故他到时必然复活。门徒们不明白此话的灵意，便以为拉撒路真的照常睡了。于是耶稣就明明地告诉他们说："拉撒路死了。"

在主里面死的人，即睡了之人，必在号筒末次吹响的时候忽然要改变。神藉着古人先知，无数次地吹响了"号筒"——"你们要从败坏的道路上转回，进入神生命的道路！"末次的号响，就是主再来接我们的信号。

号筒末次吹响的时候，主要照着约言，从空难中降临。届时主在天军天使的簇拥下，从极大的荣光之中驾云降临。那些还活着存留在地上的基督徒，瞬息间变成永不衰残的灵性的身体，被提到空中与主相遇（帖撒罗尼迦前书4章16节-17节）。

"这必朽坏的总要变成不朽坏的（"变成"原文作"穿"。下同），这必死的总要变成不死的。这必朽坏的既变成不朽坏的，这必死的既变成不死的，那时经上所记'死被得胜吞灭'的话就应验了。"（15章53节-54节）

这里用到"总要"一词，是因为无人知晓主再来的确定时期，但主的再来是即将而且必然成就的事。"这必朽坏的总要变成不朽坏的"，亦即我们必朽坏的身体，必然变成灵性的身体，这灵性的身体便是属灵的生命本身。人一旦死了，身体就会快速腐烂，散发恶臭。但因着耶稣基督的宏恩，我们将来必要穿上灵性的身体。这灵性的身体是永不衰残的。

正因为如此，神造亚当并没有造成小孩子的样子，乃是造成成人的模样。因为小孩子是要经历成长和变化的过程。灵是不变的，于是神把亚当造为完好的成人。

那么，"那时经上所记'死被得胜吞灭'的话就应验了。"此话的意义是什么呢？

因着耶稣败坏死权，复活得胜，凡信祂的人同祂一同得胜，不再作死亡的奴仆，反走进永生的道路。这便是"死被得胜吞灭"这一经上约言的应验。

"他已经吞灭死亡直到永远。主耶和华必擦去各人脸上的眼

泪，又除掉普天下他百姓的羞辱，因为这是耶和华说的。"（以赛亚书25章8节）

神的国里没有死亡、没有哀恸、没有疾病、没有苦痛，只有幸福与仁爱。主再来的时候，这一切的约言都将如实应验。那时，死再也不能奈何我们。

"儿女既同有血肉之体，他也照样亲自成了血肉之体，特要藉着死，败坏那掌死权的，就是魔鬼，并要释放那些一生因怕死而为奴仆的人。"（希伯来书2章14节-15节）正如这段经文所说，遵从神旨意的人，就可以摆脱那掌死权的，进入永生。为此，本为道的耶稣成为肉身，降到这世界。

"死啊，你得胜的权势在哪里？死啊，你的毒钩在哪里？死的毒钩就是罪，罪的权势就是律法。感谢神，使我们藉着我们的主耶稣基督得胜。"（15章55节-57节）

死权掌握在仇敌魔鬼手中。人之所以被死的毒钩所牵制，是因为有罪。试探、患难、疾病和死亡都是这罪所招致的。信神的人，由神所差来的天使常随保守。人不蒙神的保守，就是因为犯了罪。

创世记3章14节里，神咒诅蛇说"要终身吃土"。这里"土"就是指用土所造的人。故"终身吃土"的意思是：仇敌魔鬼、撒但针对犯罪的人进行控告，给人带来相应的试探、患难、疾病等各种问题。

"罪的权势就是律法"之意是律法乃为治罪的手段。国家用法律来治罪，同理，神也以祂自己的道，亦即律法来治人的罪。如果没有律法，我们就不知道自己有罪。唯独用神真理之道对照自己的时候，我们才能幡然醒悟自己是何等大的罪人。

我们有良心，但这良心因人而异，故不能主张唯我良心独正。我们不能依着自己的想法去判断是非好歹，而当将神的话语当作唯一的判断标准，因为律法包含着权能，这律法就是神的言语。

第57节说：神使我们藉着耶稣基督得胜。我们得以洁净，唯靠主的宝血。一个杀人犯，即使在监狱里服刑二十年后出狱，其前科的烙印，是永远抹不掉的。

然而，在神里面却不是这样。只要我们回心转意，改过自新，神就不再记念我们的过犯，永久抹掉罪人的污名（希伯来书8章12节）。我们既然信靠仰赖这样的神，就应该把我们里头的罪性除去净尽，免得受那魔鬼死亡毒钩的牵制。弃罪成圣所换来的是与之相称的祝福、喜乐、感恩与平安。奉靠耶稣基督的圣名，胜过罪这一取死的毒钩，我们自然对神感恩满怀。

"所以，我亲爱的弟兄们，你们务要坚固，不可摇动，常常竭力多作主工，因为知道你们的劳苦，在主里面不是徒然的。"（15章58节）

意思是：在主再临之时，信主的人要胜过死亡，进入永生，因此各人要将信心的根基立在磐石上，尽心竭力作主工。我们所作的劳苦，在主里面没有一个是徒然的，因为主必按照我们所行的赏赐我们。

启示录2章10节说："……你务要至死忠心，我就赐给你那生命的冠冕。"哥林多后书5章10节说："因为我们众人必要在基督台前显露出来，叫各人按着本身所行的，或善或恶受报。"

还有在马太福音5章11节-12节说："人若因我辱骂你们，逼迫你们，捏造各样坏话毁谤你们，你们就有福了。应当欢喜快乐，因为你们在天上的赏赐是大的。在你们以前的先知，人也是这样逼迫他们。"

因有这等所行必有所报的指望，我们才得以常常喜乐，凡事谢恩，得胜有余。多作主工固然重要，但比这更重要的是我们自洁成圣。在天国里得到何等荣美的住处，就取决于我们弃罪成圣的程度。我们在主里面所作的一切忠诚、事奉，都必成为天国的奖赏。但比肉体上的忠诚更为重要的是属灵的忠诚，就是殷勤离弃罪恶，为主托付的圣工尽心竭力。

第十六章

基督徒成熟的标志

关于奉献捐钱

凡事顺着圣灵而行

顺服一切同工同劳的人

关于奉献捐钱

"论到为圣徒捐钱，我从前怎样吩咐加拉太的众教会，你们也当怎样行。每逢七日的第一日，各人要照自己的进项抽出来留着，免得我来的时候现凑。"（16章1节-2节）

这里"捐钱"是指圣徒向神奉献财物。使徒保罗说他就捐钱的事曾吩咐加拉太的众教会该怎样行。并吩咐哥林多教会也当照样行。这里他使用"吩咐"一词，并没有说是"劝勉"，因为这不是出于他自己的想法，乃是出于神的意思。

"七日的第一日"是指星期日。旧约时代是守周六为安息日，以色列至今也在持守这个传统。他们将安息日的次日，即星期日看作是一周的头一日。

使徒行传20章7节说："七日的第一日，我们聚会擘饼的时候，保罗因为要次日起行，就与他们讲论，直讲到半夜。"这里"七日的第一日"就是星期日。"饼"的灵意是神的道，故"七日的第一日聚会擘饼”意味着他们在星期日聚会敬拜神。

启示录1章10节记载说:“当主日,我被圣灵感动……”主日就是星期日。七日的第一日之所以是主日,是因为主在星期日天未亮的时候打破死亡权势,复活得胜。

信耶稣基基督的人因此而不至于灭亡,反得永生,这一日便是欢喜的日子,灵魂得享真安息的盼望的日子。于是在新约时代,我们将星期日作为安息日,作为敬拜神的日子,并在这一天捐钱奉献,用来拓展神的圣工。

使徒保罗周游各地,开拓许多教会,殷勤传扬福音。若有经济比较宽裕的教会,他就从那里凑集奉献金,去帮补那些经济困难的教会。使徒保罗那个时代,大多数教会经济并不宽裕,但他们还是彼此尽力帮补比自己更困难的教会。

尤其,耶路撒冷的众教会困难比较大。信耶稣的人被认为是异端,他们被捉拿,照犹太法律被监禁、被处死,迫害甚大。在那里,圣徒们无法公开进行敬拜和奉献。

再加上遭受饥荒,他们直面极大的困境。使徒保罗将凑集的奉献款,亲自带去,或托人捎到耶路撒冷的教会,予以帮补。他也吩咐哥林多教会提前奉献并要留着,免得等到他来的时候才急忙现凑,使奉献出于勉强,将“残疾”的献上,不蒙神的悦纳。

“及至我来到了,你们写信举荐谁,我就打发他们,把你们的捐资送到耶路撒冷去。若我也该去,他们可以和我

同去。"（16章3节-4节）

使徒保罗说他要将从哥林多教会凑集的救济款项，交给他们所举荐的人送到耶路撒冷。因为这样的差事必须交给保罗所认可、教会所信任的人，不能任意交给一个人。

在管理教会的事上也要如此。帮补和救济的款项，一定要交给信得过的人。保罗说他会打发可靠的人，把钱送到耶路撒冷的教会，叫哥林多教会的信徒们放心。

哥林多教会圣徒们在困难之中也为帮助耶路撒冷的教会，勒紧裤腰带，尽力捐钱，并为耶路撒冷的众肢体牵肠挂肚，热切祷告。这些人去了耶路撒冷，定会见证哥林多教会的爱心并他们的信仰光景，分享恩惠，造就众人。

保罗表示："若我也该去，他们可以和我同去。"他并没有说"我要去"。从中可以看出他专心倚靠神，凡事遵从神旨意的心志。保罗表示他指望去他们那里，但要看合不合神的心意，若是合，他就去。

凡事顺着圣灵而行

"我要从马其顿经过，既经过了，就要到你们那里去，或者和你们同住几时，或者也过冬。无论我往哪里去，你们就可以给我送行。"（16章5节-6节）

从哥林多北上就是希腊，马其顿位于希腊北端。使徒保罗在信中表示他要从自己所驻留的以弗所途经马其顿，再到哥林多。

他特意提到自己要从马其顿经过，是为了告诉他们自己的行程路线。他表示他到了哥林多，或许会跟他们一起过冬。

由于这也是不确定的，故说"或者也过冬"。因为圣灵若禁止他去，他就不能去。据经上所记：保罗曾想要到亚细亚传福音，但圣灵禁止他去，他便顺着圣灵的指示去了欧洲（使徒行传16章6节-10节）。我们也应当效法保罗，凡事顺着圣灵的指引而行。

"我如今不愿意路过见你们，主若许我，我就指望和你

基督徒成熟的标志

们同住几时。但我要仍旧住在以弗所，直等到五旬节，因为有宽大又有功效的门为我开了，并且反对的人也多。"

（16章7节-9节）

保罗说他从前由于忙的缘故，只是路过的时候见他们，但这次主若许他，他就要和他们同住多日。这里他又提到"主若许我"，这表明他所开展的事工，尽在神的旨意当中。

使徒保罗曾经长久牧养哥林多教会，从而格外爱惜他们。因此他指望能够到他们那里多住些日子。

第8节里，他表示要仍旧住在以弗所，直等到五旬节。传福音是使徒保罗唯一的目标。他最大的盼望就是包括以弗所在内的所有地区福音之门大开，拯救无数失丧的灵魂。

若是反对的人多了，传福音反而会更容易。对方若是不理睬，没有任何反应，反倒更难了。对那些反驳或排斥的人，我们只要用真理好好开导他们，就可以领他们归主。

传福音的时候不要怕魔鬼、撒但的搅扰。我们越是迫切祷告，发出热心，邪灵越会变本加厉地进行搅扰，但神保守我们的程度也会相应提高。保罗表示他要在以弗所传福音，多住些日子，因为传福音的大门向他开了，并且反对的人也多。

"若是提摩太来到，你们要留心，叫他在你们那里无所惧怕，因为他劳力作主的工，像我一样。所以无论谁，都不可

藐视他，只要送他平安前行，叫他到我这里来，因我指望他和弟兄们同来。"（16章10节-11节）

提摩太是保罗亲自培养起来的格外爱惜的主的仆人，甚至称他为儿子。但据《圣经》记载：提摩太既年轻，又缺乏社会经验，加上性情柔弱，体质欠佳。

哥林多教会地处哥林多这座日趋繁荣的国际都市，教会内部存在着嫉妒、纷争、淫乱、控诉等诸多问题，非常混乱。年轻的提摩太要到这种地方去，自然心有所惧。于是保罗吩咐他们说：不可藐视他，要留心服事，好叫他在你们那里无所惧怕。并说："因为他劳力作主的工，像我一样。"

哥林多教会里既有喜欢保罗的，也有排斥保罗的。尽管使徒保罗是该教会的创始人，并用真理牧养他们，但他们中间仍存在着分门别类，结党纷争，排斥保罗的现象。因此使徒保罗对他们申明这样的嘱托。不管怎样，他们心里还是清楚知道保罗是可靠的、有能力的，从而保罗的书信便可以在他们中间产生大的影响。

爱神并遵行真理的人，不会藐视神的仆人。假如一个年少的、刚上任的传道师前来探访，你会是什么样的心态？"原以为牧师要来，没想到区区一个传道师来了。"若是这么想，心里定不平安，也无法蒙恩。这样，神也不喜悦，无法经历到神的作为。此时，我们若能像对待主一样对待这位传道师，便是具备真信心的凭据。无论是区域长、组长，还是地区长，凡神的工人到来，我们都要像接待主一样接待他们。

治理工人的方法

"至于兄弟亚波罗，我再三地劝他同弟兄们到你们那里
去。但这时他决不愿意去，几时有了机会他必去。"（16
章12节）

从中我们可以学到治理工人的窍门。保罗并没有吩咐亚波罗
去，只是多次劝他说：我觉得你应该到他们那里去。然而亚波罗不
肯听从。若对亚波罗以严厉的口气令他去，他必会顺从，但保罗并
没有这么做。

这就是治人的窍门。若是神的旨意，理当要施令，但表示自己
的意愿时则应当采取劝勉的态度。

在亚波罗的立场上自有不能去的理由。他曾与保罗同工，在哥
林多教会进行牧养。哥林多前书3章6节说："我栽种了，亚波罗浇
灌了，惟有神叫他生长。"

然而，哥林多教会有结党纷争，有亚波罗派、保罗派、基督
派、彼得派等。这令亚波罗分外心痛，成为他不愿意前去的原因。
而且还有些私情，暂且不便前去。但保罗说："几时有了机会他必
去"。

即使工人不听劝，保罗也从未产生反感或恼怒，反而凡事追

求与众人和睦，设身处地理解别人，施以无限的宽容。

我们不能重蹈亚波罗的覆辙，听了劝勉而不顺从。若是一个与神深交之人的劝勉，我们理当"阿们"并顺从，这样才能迅速扩张神的国度。

> "你们务要警醒，在真道上站立得稳，要作大丈夫，要刚强。凡你们所作的，都要凭爱心而作。"（16章13节-14节）

若要得救，我们必须要警醒。起初满有热心，后来又冷淡了，此人必然心里忧苦愁烦，反而迷恋世界上的事。因为他们已在很大程度上输给了仇敌魔鬼、撒但。他们若想恢复灵里的充满，就会甚觉艰难和痛苦。

当人被圣灵充满的时候，心中自有喜乐和感恩，然而一旦失去圣灵的充满，心里便烦躁不安，极易发怒，丧失感恩与喜乐的心。因此，我们应当时常警醒祷告，谨慎自守。

"在真道上站立得稳"之意是：将信心的根基立在磐石上。盖在磐石上的房子，坚不可摧，能够经得住风雨的侵袭；盖在沙土上的房子则是不堪一击，瞬息坍塌。

我们一定要打造坚定不移的信心，能够胜过一切试探、患难和困境，盼望得神的认可。

这是至关重要的。

人要拔树，先会试探性地摇一摇。若是根基牢固，纹丝不动，试摇一两次，就放弃了。但若有所动摇，觉得有希望，就会继续摇晃。因此，保罗规劝我们要"在真道上站立得稳，要作大丈夫，要刚强。"就是叫我们在真理里面刚强壮胆，有节操气概。

第14节说："凡你们所作的，都要凭爱心而作。"我们行事为人务要本着爱心，否则就与神毫不相干。凭着命令和施压所成的事，无论它看起来多么完美，一点也不讨神的喜悦，因为这是建立在多人痛苦之上的，必然招致撒但的亵渎和毁谤。

凡关乎神的国和神的义的事，无论是大的还是小的，都要本着属灵的爱去成就。做事奉也不能出于彰显自己，或故意叫人看见。应当不求自己的益处，为神的国以及弟兄，牺牲自己，凡事凭着爱心做，力求造就众人，为荣耀神而行。

顺服一切同工同劳的人

"弟兄们，你们晓得，司提反一家是亚该亚初结的果子，并且他们专以服事圣徒为念。我劝你们顺服这样的人，并一切同工同劳的人。"（16章15节-16节）

司提反是亚该亚地方头一个领受福音、接待主的人。他被评价为"专以服事圣徒为念"的人，说明他是一位信心与行为并行的人。神吩咐我们要顺服像他这样为神的国和神的义效忠效力的人们。

教会里聚集形形色色的人。有富足的、贫穷的、博学的、寡知的、有地位的、无地位的等各种阶层的人存在。

不分社会地位高低，或经济条件好坏，凡殷勤为神的国和神的义效忠的人，我们都当顺服他们，这才是真正有信心的人，也是名副其实的神的儿女。

如果因对方生活贫穷，或学识浅薄而不顺服，这显然是骄傲的表现。"我实在告诉你们：你们若不回转，变成小孩子的样式，断不得进天国。"（马太福音18章3节）如这段经文所说，骄傲的人是不能进天国的。

当敬重叫众人心里都快活的人

"司提反和福徒拿都并亚该古到这里来，我很喜欢，因为你们待我有不及之处，他们补上了。他们叫我和你们心里都快活。这样的人，你们务要敬重。亚细亚的众教会问你们安。亚居拉和百基拉并在他们家里的教会，因主多多地问你们安。众弟兄都问你们安。你们要亲嘴问安，彼此务要圣洁。"（16章17节-20节）

保罗在此称赞司提反、福徒拿都、亚该古三人为神的国和神的义所付出的辛劳。保罗曾坦然地劝导众人说"你们该效法我。"因为他以基督的心为心，在真理里面无可指摘。

因此，使保罗的心快活，就是取悦圣灵、取悦神的心，故说"这样的人，你们务要敬重。"

《圣经》教导我们，美德善行要广为显扬。耶稣当众称赞过把养生钱全部拿出来奉献的寡妇（马可福音12章43节-44节）；又称赞那为祂安葬的事，把香膏预先浇在祂身上的女人，又吩咐我们说："普天之下，无论在什么地方传这福音，也要述说这女人所行的，作个记念。"（马太福音26章13节）因此，善美之事，我们当要称赞，并且广为显扬，使神的名得荣耀。这是神的旨意。

这里"他们家里的教会"是指家庭教会。初代教会时代，由于没有具备建教堂的条件，教会一般都是以家庭聚会为起始的。如今的情形也与此类似。保罗还嘱托众人彼此问安，因为爱是建立在分享的基础上。

"我保罗亲笔问安。"（16章21节）

使徒保罗写信，很多时候是叫人代笔的，但这次他亲笔写信问安，表明他格外地关爱哥林多教会的信徒们。亲笔信，会使读信的人更有亲切感。

"若有人不爱主，这人可诅可咒。主必要来。"（16章22节）

这样的话不是任人都可以说的。只有完全除净心中的恶，全然成圣的人才配说，而且必照着他们所说的成就。这话是真理。

爱主的凭据，就是遵守神的诫命（约翰一书5章3节）。不守诫命的人口称爱主，纯属是谎言，最终不得拯救。因此，保罗说这样的人是可诅可咒的。

"秃头的上去吧！秃头的上去吧！"当一帮童子这样戏笑嘲弄

以利沙时，以利沙就奉耶和华的名咒诅他们。于是有两个母熊从林中出来，撕裂了其中四十二个童子（列王纪下2章23节-24节）。由此可见，凡神所信任的仆人，他们的话语都带着属灵的权柄。从《圣经》的记载中可以得知，那些深蒙神厚爱的仆人，神将祝福和咒诅的权柄也赋予他们（创世记12章3节）。

他们祝福预备好器皿的人，祝福就临到他们；咒诅那些该受咒诅的人，咒诅就必临到他们。因此，神的仆人不能轻易咒诅人。当然，真正的神仆人，就是用真理打造自己的神仆人是绝不会随意咒诅人的。他们凡事顺着真理，照圣灵的指引而行。

"愿主耶稣基督的恩常与你们众人同在。我在基督耶稣里的爱与你们众人同在。阿们！"（16章23节-24节）

不在基督耶稣里面的爱，亦即属肉的爱是没有任何价值的。牧者若一味地称赞自己的羊，知道他们有过犯也不责备，或许可以讨群羊的喜欢，但这不是真正的爱，只是一文不值的属肉的爱。

称赞的话，我们不要轻易说出口。因为人受到称赞，往往会变得骄傲，给撒但留地步。因此，称赞别人也要顺着圣灵的带领。

"你是基督，是永生神的儿子。"耶稣听了彼得这一告白后称赞他。撒但就立刻打彼得的主意。当耶稣说祂要受苦并且被杀时，彼得就拉着耶稣，劝祂说："主啊，万不可如此！这事必不临到你身上。"耶稣就说："撒但，退我后边去吧！"（马太福音16章23

节）。

无论何事上，我们都要分清属肉的爱与属灵的爱。保罗提到的"基督耶稣里的爱"，就是属灵的爱。使徒保罗在信尾祝福哥林多教会信徒们说：愿主耶稣基督的恩惠，以及他在基督耶稣里的爱与他们同在。

使徒保罗通过这封书信，针对哥林多教会所直面的各种问题，揭示神的旨意和具体的解答。这些问题不仅存在于哥林多教会，也照样存在于如今的教会。

使徒保罗在信中劝勉众人说：唯独神有论断的权柄，人不可随己意论断；要远避淫行；主内的弟兄之间不可彼此争讼，要照教会的次序妥善处理纠纷。并且强调要杜绝拜偶像的行为，不要求自己的益处。

论到圣灵的恩赐时，他嘱托众人要切慕最大的恩赐——爱，并要在爱里建立自己，得以完全；要带着复活的确信与盼望，醒悟行善。还讲述了神对传道、婚姻、圣餐等所定的旨意。

但愿读者以此宝贝的信息作为生命之粮，正确分辨神的旨意，用爱心与美德荣神益人。这样，必得神的喜悦，以致福杯满溢——在地灵魂兴盛，凡事兴盛，在天得享极大的尊荣。

基督徒成熟的标志

哥林多前书（下）
Lectures on 1 Corinthians: Volume 2

本书所引圣经经文取自《现代标点和合本》

作　者: 李载禄
编　辑: 宾锦善
设　计: 乌陵出版社设计组
发　行: 乌陵出版社（发行人: 宾圣男）
印　刷: 艺源印刷厂
出版日期: 2007年 4月初版（韩国，乌陵出版社，韩国语）
　　　　　2012年 6月初版（韩国，乌陵出版社）

Copyright © 2012 李载禄博士
ISBN 978-89-7557-520-4　ISBN 978-89-7557-513-6(set)
Translation Copyright © 2011 郑求英博士

问 讯 处: 乌陵出版社
电　话: 82-2-837-7632 / 82-70-8240-2072
传　真: 82-2-869-1537

"乌陵"是旧约时代的大祭司为了求问神的旨意而使用的决断的胸牌，希伯来原意为"光"（出埃及记28章30节）。"光"代表着将我们引入生命的神的话语，因此"乌陵"也是代表着本为光的神。乌陵出版社为了用真光照亮整个世界，如今正在以祷告和赤诚，奔跑在文书宣教的前沿。

www.ingramcontent.com/pod-product-compliance
Lightning Source LLC
Chambersburg PA
CBHW061727120626
46550CB00005B/1728